О.Е. Данчевская

АМЕРИКАНСКИЕ ИНДЕЙЦЫ В ЭТНОКУЛЬТУРНОЙ ПОЛИТИКЕ США

конца XX – начала XXI вв.

Издательство Прометей

Москва
2009

ББК 63.5 (71)
Д19

Рецензент:
И.В. Жукова, доктор культурологии, профессор

Данчевская О.Е.

Д19   Американские индейцы в этнокультурной политике США
конца XX – начала XXI вв. – М.: Издательство «Прометей» МПГУ,
2009. – 192 с.

ISBN 978-5-7042-2161-6

В своей книге кандидат культурологии О.Е. Данчевская исследует современный этап развития индейских культур и приходит к выводу, что он характеризуется стремлением индейцев улучшить своё положение путём дальнейшего развития своих культурных традиций, получения образования, включающего изучение родного языка, подъёма собственной активности и их надеждой на понимание и поддержку государства.

Проводя собственные интервью американских индейцев, О.Е. Данчевская подчёркивает, что индейские культуры Северной Америки начиная со второй половины XX века переживают стадию возрождения, характеризующуюся ростом их этнического самосознания, политической и культурной активности, поиском культурной идентичности. Автор рассматривает особенности американской культурной политики, базирующейся на идее мультикультурализма, но вместе с тем выделяет существенные препятствия в достижении индивидуального культурного развития индейских этносов.

В монографии поэтапно прослеживается тот факт, что автохтонному населению США, несмотря на аккультурацию и в значительной степени ассимиляцию с евроамериканской культурой, удалось сохранить свою индивидуальность.

Книга адресована всем, кто интересуется индеанистикой, культурологией, этнологией.

Текст дается в авторской редакции.

ББК 63.5 (71)

ISBN 978-5-7042-2161-6

Содержание

От автора

Современное общество за период долгого исторического развития пришло к осознанию ценности культур всех входящих в него этносов, и, начиная со второй половины XX века, вопросы, касающиеся прав, свобод и условий жизни представителей национальных меньшинств, стали предметом активного обсуждения на мировой политической арене. Самобытность каждой культуры делает её не только богатейшим источником всесторонних знаний о той или иной группе населения, но также демонстрирует уникальный опыт сосуществования этих культур как с элементами сохранения традиционности, так и синтеза, их выживаемости в общем культурном пространстве.

Невозможно изучать какую-либо культуру в отрыве от истории и среды её существования. Совершенно особое положение в этом смысле занимают автохтонные народы, обычно коренным образом не менявшие своего ареала (в отличие, например, от эмигрантов), что является колоссальным преимуществом, когда речь заходит о веками устоявшемся укладе их жизни. Они имеют возможность традиционно заниматься охотой, рыбной ловлей, народными промыслами, строительством жилищ, проводить большинство обрядов и церемоний, взаимодействовать с окружающей средой и пр. точно так же, как это делали их предки много сотен лет назад, привнося лишь незначительные изменения, обусловленные требованиями времени.

Теоретически эти народы имеют все шансы сохранить свои традиции и уклад жизни. Однако история показывает, что большинству аборигенных культур угрожает постоянная экспансия западно-европейской цивилизации, и часть из них, к сожалению, уже безвозвратно исчезла с лица нашей планеты. Чтобы подобное не произошло с народами, которым удалось пережить все трудности завоеваний, колонизаций, войн, дискриминации и сохранить при этом самое ценное, что у них есть — свою культуру, сегодня каждое государство по мере сил и возможностей стремится оказать им в этом помощь и поддержку. Однако в случае с аборигенными народами и их отношениями с доминирующим этносом всегда на первый план выступает вопрос о встрече и синтезе культур, о культурном взаимодействии.

Если говорить *об актуальности* темы, то нужно заметить, что в последние десятилетия в разных странах наблюдается резкое возрастание интереса к жизни малых народов, населяющих нашу планету — их истории, культуре, верованиям и духовным ценностям, продуктам их материального и духовного труда, современному положению того или иного этноса. Общество проявляет огромное внимание к этим культурам, изучая их и как бы заново открывая для себя новый и удивительный мир, который находится совсем рядом. Он может резко отличаться от привычного для нас мира, в чём-то походить на него, однако его самобытность и неповторимость настолько притягательны, что заставляют нас вновь и вновь обращаться к этой культурной мозаике, веками создаваемой разными народами. В конце XX века наряду с глобализмом, нацеленным на создание универсальных образцов культуры, в странах, отличающихся этническим многообразием (США, Канаде, Австралии, странах Латинской Америки), в качестве стратегии культурной политики утвердился мультикультурализм[1], рассматривающий каждое этническое сообщество как носителя особой культуры.

В России, которая по количеству проживающих в ней этносов, остроте этнических процессов и своим масштабам ближе всего сопоставима с США, мультикультурализм также становится всё более важной частью культурной политики. Многие историки, этнографы, литературоведы, фольклористы и другие специалисты, посвятившие себя изучению истории и культуры коренных малочисленных народов Сибири, в своих исследованиях очень часто проводят параллели с индейскими культурами Северной Америки, и это не случайно: несмотря на языковые, исторические, религиозные и другие различия, эти народы объединяют их мироощущение и мировосприятие, система духовных ценностей и взглядов на мир и место человека в нём. И те, и другие народы испытали на себе влияние чужих цивилизаций и культур, насильственного обращения в христианство, прошли через ассимиляцию и аккультурацию, и большинство из них сумело не только выжить, но и сохранить свою индивидуальность.

Полиэтничные страны постоянно сталкиваются с необходимостью ведения особой этнокультурной политики в отношении

---

[1] *Ле Коадик Р.* Мультикультурализм // Диалоги об идентичности и мультикультурализме. Ред. Е.Филиппова, Р. Ле Коадик. М.: Наука, 2005; *Ушанова И.А.* Глобализация и мультикультурализм: пути развития// Вестник Новгородского государственного университета. 2004. № 27.

населяющих их народов и сохранения их культурного наследия, и наша страна в этом плане – не исключение.

В особом положении находятся коренные народы европейского Севера, Сибири и Дальнего Востока Российской Федерации (алеуты, ительмены, коми, ненцы, ханты, манси, эвенки, эвены, чукчи, нганасаны, нанайцы, коряки и др.), которые не только в культурах, мифологиях, традициях, образе жизни и мировоззрении, но и в самой истории имеют очень много схожего с автохтонным населением Северной Америки, доказавшим на своём примере живучесть древних традиций и устойчивость своей культуры к внешним воздействиям, несмотря на множество трудностей, преследовавших его на протяжении истории. Сегодня уровень жизни и её условия – возможности получения образования, медицинской помощи, государственных субсидий и пр. – у индейцев в резервациях заметно выше, чем у малых народов России, которой ещё предстоит провести целый ряд реформ и преобразований для улучшения положения аборигенного населения. То же самое можно сказать и о его культурах, которые требуют к себе пристального внимания и действенной поддержки со стороны государства. Несмотря на то что каждая страна в своём развитии проходит исключительно свой путь, опыт других государств со схожими проблемами бывает весьма полезен.

Северная Америка стала колыбелью сразу нескольких уникальных культур, наиболее значимыми из которых являются адена, хоупвелл, миссисипи, хохокам, могольон, анасази. На территории Соединённых Штатов проживало большое количество высокоразвитых доколумбовых сообществ, причём уровень искусства и других достижений многих из них поражают и сегодня – например, удивительная точность изображения людей, животных, растений и насекомых в росписях на керамике мимбрес (могольон), изделия из раковин с выгравированными на них рисунками, не имевшими в ту эпоху аналогов в мире (хохокам), уникальная разветвлённая сеть ирригационных каналов (хохокам) и др. Наибольшим культурным разнообразием отличался юго-запад США, где и поныне продолжают работать лучшие индейские мастера-ремесленники – потомки этих древних племён и сообществ.

К истории и культурам североамериканских индейцев обращается всё большее число людей, находя в них ответы на многие вопросы как прошлого, так и настоящего, как общественного, так и личного характера. Вдохновляя на протяжении уже нескольких веков известных писателей, поэтов, художников, фотографов, скульпторов, актёров, режиссёров, индейские племена прямо или косвенно внесли огромный вклад в мировую культуру, которую сегодня невозможно себе представить без такого многогранного и важного пласта, как культура коренных жителей Америки. Правительство Соединённых Штатов, начиная со второй половины XX века, постоянно предпринимает шаги, направленные на сохранение этого наследия, разрабатывая законопроекты, имеющие целью всесторонне укрепить права автохтонного населения и стремясь привести американо-индейские отношения в состояние гармонии.

В настоящее время традиции и обычаи, духовная и материальная культура аборигенного населения США находятся на стадии возрождения, и их состояние на современном этапе требует особого внимания со стороны учёных. Анализ культурного развития североамериканских индейцев должен осуществляться в контексте этнокультурной политики США, поскольку в течение длительного времени это развитие определялось именно политическими факторами. Такой подход полностью соответствует специфике и направленности культурологического исследования, т.к. культурология интегрирует методологические возможности целого ряда дисциплин.

Изучение индейских культур стало одним из важнейших направлений в американской культурной антропологии, наиболее полно разработанным школой Ф. Боаса. Наряду с этим значительная часть научных работ посвящалась и посвящается историческим и политическим проблемам. В США исследования, касающиеся коренного населения, можно условно разделить на три основных группы: по древним культурам и археологии (Ф. Джордж, Э. Моррис, Дж. Форд, К. Уэбб, Р. Найтзел, Д. Томас, Дж.Д. Дженнингс, К. Мейан, Л. Зиммерман, Г. Болдуин, Дж. МакГрегор и др.), по истории североамериканских индейцев периода со времён открытия Америки европейцами до середины XX века (Л. Морган, Р. Лоуи, А.Л. Крёбер, А. Скиннер, К. Уисслер, Г. Скулкрафт, Дж. Свентон, Дж. Уокер, Дж. Муни, Э. Флетчер, Дж. Ходж, Дж. Гриннелл, У. Стуркевант, Дж. Юэрс, Дж. Дорси, Ф. Денсмор, Г. Демпси и др.) и по современным проблемам индейцев (Ф.П. Пруча, В. Делория-мл., Ф.М. Бордевич, В. Черчилль, А. Джозефи, В. Ладьюк и др.). Среди авторов, освещающих современный этап американо-индейских отношений, немало и самих индейцев. Необходимо отметить, что многие работы зарубежных исследователей, в том числе и охватывающие период конца XX – начала

XXI вв., нередко носят субъективный характер, что вызывает необходимость аналитического подхода.

В отечественной науке на протяжении многих десятилетий отсутствовала объективная информация о коренных жителях Америки и политике государства в отношении них. Исследования в области истории и культуры индейцев Северной Америки представлены в трудах Ю.П. Аверкиевой, И.А. Золотаревской, В.А. Тишкова, И.В. Жуковой, А.В. Ващенко, Ю.Е. Берёзкина, а также в диссертациях К.В. Цеханской, В.Г Стельмаха, С.В. Чешко, Н.Г. Лопуленко, В.М. Калашникова, А.А. Знаменского, Г.Б. Борисова и других российских учёных. Среди крупнейших российских научных центров, специализирующихся на изучении индейцев Северной Америки, следует выделить: Институт этнологии и антропологии РАН, Музей антропологии и этнографии им. Петра Великого в Санкт-Петербурге, Российское общество по изучению культуры США (МГУ), Мезоамериканский центр им. Ю.В. Кнорозова (РГГУ), Институт США и Канады РАН.

Однако *в отечественной науке* культурологические исследования и эмпирические данные по современному этапу развития индейских этносов практически отсутствуют.

Поэтому *научная новизна* настоящего исследования определяется следующими факторами:

- автором разработана культурологическая модель, позволяющая проводить комплексное изучение этно-культурных проблем североамериканских индейцев на современном этапе;
- в исследовании создана модель межкультурной коммуникации на примере индейской и евроамериканской этнических групп с учётом их историко-культурного наследия и развития;
- тема разрабатывалась как междисциплинарная, что является неординарным этапом в становлении современной отечественной индеанистики.

Использование разных методов (историко-системного, компаративного (сравнительно-исторического), историко-генетического) в сочетании с системным, искусствоведческим и литературоведческим анализом, а также эмпирическими социологическими исследованиями позволило проследить культурно-историческую эволюцию коренного населения США и выявить наметившиеся в последние десятилетия тенденции развития индейских культур в условиях современной цивилизации.

Автор соблюдала преемственность исследовательской традиции, используя работы *американских и отечественных* авторов, в которых затрагиваются вопросы истории, политико-правового, экономического, социального и культурного положения коренных американцев, а также общие труды по культурологии, этнологии, теории этничности (Ю.В. Бромлей, Л.Н. Гумилёв, С.А. Арутюнов, Н.Н. Чебоксаров, С.В. Лурье, Ф. Боас, Р. Бенедикт, М. Мид, Э. Эриксон, К. Леви-Стросс, М. Элиаде, Г. Каллен, Ф. Барт и др.). Использовались материалы современных американской и индейской прессы, публикации видных политических деятелей о положении аборигенного населения Соединённых Штатов, отчёты государственных и общественных индейских организаций о своей деятельности.

Источниковой базой исследования послужили результаты проведённых автором социологических опросов среди коренного населения США, интервьюирования российских и зарубежных коллег, а также информация, собранная в ходе личных контактов с коренными американцами. Результаты разработанных и проведённых автором социологических опросов среди автохтонного населения США, позволившие по-новому осмыслить процессы его культурной ассимиляции, могут послужить как базой для последующих более масштабных социологических исследований в этой области, так и вспомогательным материалом при анализе современной этнокультурной политики государства в отношении национальных меньшинств, поиске путей возможного разрешения имеющихся проблем. Всесторонне изученные и представленные в работе последние источники, а также выводы могут быть использованы специалистами в области индеанистики и преподавателями при чтении учебных курсов по американистике и истории США, культурологии, культурной антропологии, политологии, этнополитологии, лингвострановедению, этнопсихологии, этносоциологии, искусству США и спецкурсов по индеанистике, включающих в себя все аспекты и стороны жизни североамериканских индейцев.

Объект исследования – этнокультурные проблемы индейского населения США конца XX – начала XXI вв.; *предмет* – формы адаптации и сохранения культуры американских индейцев в контексте культурной политики США конца XX – начала XXI вв.

Учитывая актуальность и научную значимость темы, а также степень её разработанности, *целью* исследования стало изучение положения коренных американцев и их культуры в жизни США в свете современной этнокультурной государственной политики.

Для её достижения решались следующие *задачи:*

- проанализировать опыт и проблемы, возникавшие в ходе становления американо-индейских отношений;
- проследить эволюцию в законодательной базе США по отношению к коренному населению;
- представить современное состояние индейских культур в США и отразить развитие таких их важных составляющих, как язык, религия, искусство и литература;
- выявить актуальные этнокультурные проблемы автохтонного населения США начала XXI века, исходя из результатов проведённых социологических опросов.

Основные положения исследования излагались в 2003–2008 годах в докладах на проводимых в России, Беларуси и США международных конференциях, симпозиумах и специальных научно-практических семинарах.

В целях развития индеанистики в России автором разработан спецкурс «Индеанистика. Культурно-исторические и лингвострановедческие аспекты (США)», который читается в Московском педагогическом государственном университете (МПГУ) с 2006 года.

Книга состоит из *двух* глав, содержащих по *три* параграфа каждая (нумерация параграфов последовательная; всего – 6), вступления (от автора), заключения, источников и литературы, включая Интернет-публикации, и *шести* приложений.

Оксана Данчевская

Глава I

Этнокультурная политика первых европейцев и США в отношении коренных американцев

§ 1. Положение национальных меньшинств в США и статус индейцев в американском обществе

Соединённые Штаты Америки — самое, пожалуй, полиэтничное государство в современном мире, но на фоне множества этнических групп, входящих в его состав, коренные американцы занимают особое место. Их культурная самобытность и разнородность — уникальное явление не только на североамериканском континенте, но, с учётом их исторического развития, и во всём мире. Вместе с тем «положение американских индейцев — один из наиболее серьёзных и в то же время наименее понятных аспектов среди всех проблем, касающихся меньшинств в американском обществе»[1].

Национальные меньшинства, по определению, принятому в ООН, — это так называемые относительно малочисленные группы, которые не занимают «господствующего» положения, члены которых являются гражданами данной страны, обладают национальными, этническими, языковыми, религиозными и другими отличиями от характеристик основной части населения и проявляют чувство солидарности в целях сохранения этих отличий и своих традиций[2]. Примечательно, что, в отличие от определения ООН, в США этот термин применяется только по отношению к небелым расам (афроамериканцам, американским индейцам, азиатам) и испаноговорящему населению (Hispanic) за исключением самих испанцев.

К национальным меньшинствам в США относят такие группы, которые подвергались преследованиям и дискриминации, а также являются жертвами предрассудков. Американские индейцы подпадают под эти определения, несмотря на то что исторически они —

---

[1] *Barron M.L.* (Ed.) American Minorities. NY: Alfred A. Knopf, 1957. P. 145.

[2] *Thornberry P.* The UN Declaration on the Rights of Persons Belonging to National or Ethnic, Religious and Linguistic Minorities: Background, Analyses and Observations. Occasional Paper. London, 1993. P. 7.

«единственные настоящие американцы»[1]. Перепись населения в Америке за последние десятилетия ясно показала, что важным критерием принадлежности человека к национальному меньшинству и, по сути, определения его этнической идентичности является его самоидентификация, или самоприписывание. Другими словами, обладая смешанным происхождением, индивид может сам выбирать, к какой из национальных групп он принадлежит, ведь «…«этнических групп» не существует без осознания индивидами своего членства в них»[2]. В последние десятилетия в США вопрос самоидентификации стал весьма актуальным, особенно для коренных американцев, что объясняется целым рядом изменений, произошедших как в этнокультурной политике государства в отношении них, так и в их национальном самосознании. Это позволило исследователям окрестить период, начавшийся со второй половины XX века, «Великим пробуждением» (Great Awakening) и отдельно выделить одно из его направлений, получившее название «индейского возрождения» (Indian Renaissance), напрямую связанного с расцветом национальных культур и литератур. В то же время нельзя рассматривать это явление в отрыве от роста политической активности аборигенного населения.

Вопросами защиты прав и интересов меньшинств в США занялись сравнительно недавно. Несколькими веками ранее большинство таких групп сталкивалось со многими трудностями, в том числе и на законодательном уровне. Несмотря на то что современные американцы считают свою страну образцом демократии, их первая Конституция, принятая 17 сентября 1787 года, поощряла рабство, и даже свободные афроамериканцы и индейцы были лишены всех гражданских прав. Только после гражданской войны 1861–1865 годов рабство было отменено XIII Поправкой к Конституции, но потребовалось ввести ещё немало законов и внести много поправок к уже имеющимся, чтобы любая дискриминация, в том числе и по национальной принадлежности, стала рассматриваться как противоправное действие.

В настоящее время американское законодательство обеспечивает равные права для всех своих граждан, не закрепляя ка-

---

[1] *Brown F.J., Roucek J.S.* (Ed.) One America. The History, Contributions, and Present Problems of Our Racial and National Minorities. NY: Prentice-Hall, Inc., 1946. P. 3.

[2] *Малахов В.* Культурный плюрализм versus мультикультурализм. // Философско-литературный журнал «Логос». № 5/6 2000 (26). С. 4–8.

ких-либо особых прав за представителями той или иной этнической группы (исключение составляют коренные американцы, которые обладают некоторыми дополнительными привилегиями в силу своего особого исторического положения[1]). Более того, подобное закрепление групповых прав рассматривается как нарушение антидискриминационных норм. Несмотря на все меры, предпринятые в этом направлении, этнические культуры по сей день продолжают находиться в положении маргинальных, т.е. периферийных.

Если в целом с определением национальных меньшинств всё достаточно ясно, то в частности с определением *индейцы* возникают значительные сложности. В научном мире более употребителен появившийся в 1960-е годы термин «коренные американцы» (Native Americans), хотя сами индейцы чаще называют себя «американскими индейцами» (American Indians, или Natives). Автор не считает, что существует какое-то принципиальное различие в этих общепринятых терминах и использует их взаимозаменяемо, подразумевая под «коренными американцами», «американскими индейцами» или «индейцами» потомков и представителей любого из автохтонных (аборигенных) народов, населявших и/или населяющих территорию Северной Америки, а также в настоящей работе условно причисляет к ним эскимосов и алеутов[2], т.к. действие законов, издаваемых в США в защиту прав коренного населения, в полной мере распространяется и на них. Однако вышеуказанные термины являются в значительной мере обобщающими, и в большинстве случаев коренные американцы, говоря о своей этнической принадлежности, указывают племя, к которому они относятся, или несколько племён, если в их жилах течёт смешанная кровь.

Любопытен тот факт, что до сих пор не существует единого юридического определения, кто же всё-таки является индейцем. Как показало исследование, проведённое в 1978 году, только в законодательстве США используется не менее 33 различных оп-

---

[1] См. §§ 2 и 3.

[2] Традиционно эскимосы и алеуты изучаются отдельно и не входят в понятие «коренные американцы» или «американские индейцы», т.к. представлены не только в Северной Америке, но и на Севере Российской Федерации и в Дании (о-в Гренландия). Тем не менее настоящее исследование охватывает также и представителей этих двух этнических групп, которые проживают на территории США.

ределений[1]. Однако американское Бюро переписи населения решает этот вопрос просто: оно позволяет называться индейцем каждому, кто сам считает себя таковым.

Несмотря на отсутствие единого определения, термин «индеец» необходимо рассматривать с двух сторон — политико-юридической (т.е. правовой) и этнологической, между которыми не следует ставить знак равенства. С правовой точки зрения, к индейцам относят членов государственно признанных племён. С точки зрения этнологии, индейцем может быть назван любой человек индейского происхождения, но именно здесь порой и возникает множество вопросов. С одной стороны, как уже упоминалось выше, человек волен сам решать, какую национальность ему выбрать, но с другой стороны, чтобы какое-либо конкретное племя приняло его в свои члены, он должен отвечать некоторым требованиям. Чаще всего таким требованием является наличие определённой доли индейской крови («blood quantum»). Верховный суд США разрешил каждому племени устанавливать свои критерии членства, вследствие чего они сильно варьируются. Единственное, чего не требует ни одно из племён, — это быть чистокровным индейцем, ибо уже к 1910 году соответствовали этому критерию всего чуть больше половины коренных американцев, а в наши дни в некоторых племенах можно и вовсе не найти ни одного такого человека[2]. Поэтому в среднем по стране для того, чтобы считаться членом племени, минимальная доля индейской крови должна составлять не менее 1/4 (25%). Ещё одним из критериев может служить происхождение от определённого родителя, т.е. на племенную принадлежность может влиять членство либо только отца, либо только матери — в зависимости от патриархального или матриархального уклада племени. В настоящей работе автор в первую очередь руководствуется культурной принадлежностью человека и выдвигает идентификацию по этнологическому признаку на передний план, что обусловлено самой темой исследования.

Поскольку отнесение человека к любому национальному меньшинству помимо объективных причин нередко бывает связано ещё и со стереотипами, царящими в сознании людей в отно-

---

[1] *Garroutte E.M.* Real Indians: Identity and the Survival of Native America. Berkeley, etc.: University of California Press, 2003. P. 16.

[2] *Bordewich F.M.* Killing the White Man's Indian: Reinventing Native Americans at the End of the Twentieth Century. NY: Anchor Books, 1997. P. 73.

шении определённых наций и народностей, то в прошлом порой нередко доходило до абсурда. Так, например, в 1869 году Верховный суд штата Нью-Мексико объявил индейцев пуэбло не-индейцами. Основанием послужил тот факт, что они были «честны, трудолюбивы и законопослушны», в чём «походили на своих более цивилизованных соседей»[1] – белое население. Однако спустя какое-то время до властей дошли слухи о пьянстве, танцах и беспорядках среди пуэбло, и суд вынужден был признать, что всё-таки они являются индейцами...

«Современные стереотипы американских меньшинств варьируются от резко романтических образов счастливых беззаботных людей до жестоких унизительных представлений о них как о безнадёжном грузе для общества, поддерживаемом исключительно за счёт программ соцобеспечения, которые выливаются в нескончаемые суммы для налогоплательщиков.

Индеец больше всех подвергся воздействию романтических стереотипов – дитя природы, наш первый и самый совершенный эколог, благородный дикарь»[2].

Сейчас люди, к счастью, в решении подобных вопросов руководствуются другими принципами, и тем не менее именно сегодня из-за всё более часто встречающихся смешанных браков становится сложнее отнести человека к какой-либо конкретной этнической группе.

Пожалуй, для автохтонного населения это актуально вдвойне, т.к. даже если оба родителя являются индейцами, но представляют разные племена, дети будут иметь смешанное происхождение, что зачастую приводит к столкновению разных культур, мировоззрений и ценностей. Однако в случае браков коренных американцев с представителями других рас и народов этот конфликт становится гораздо серьёзнее, чем в межплеменных браках, т.к. все индейцы в большей или меньшей степени разделяют общую для всех племён картину мира.

Поскольку большинство индейцев тесно связано со своим племенем, необходимо определиться с понятием, которое вкла-

---

[1] *Bordewich F.M.* Killing the White Man's Indian: Reinventing Native Americans at the End of the Twentieth Century. NY: Anchor Books, 1997. P. 66.

[2] *Dunbar L.W.* (Ed.) Minority Report: What Has Happened to Blacks, Hispanics, American Indians, and Other Minorities in the Eighties. NY: Pantheon Books, 1984. P. 184.

дывается в термин «*племя*» применительно к коренным американцам. Многие племена получили такой юридический статус благодаря подписанию договоров с Соединёнными Штатами, в которых указывалось название племени. Но это исключило из данной категории те группы, которые либо не участвовали в войнах и, следовательно, не испытывали необходимости заключать договоры с американским правительством, либо жили слишком изолированно. В результате и сегодня некоторые племена вынуждены требовать своего официального признания. Так или иначе, термин «племя», как и в случае с термином «индеец», не имеет универсального юридического определения, и ни в одном официальном документе не сказано, каким должно быть современное племя, чтобы им называться. В этнологии под племенем обычно понимают «социально, политически и религиозно организованное сообщество людей, связанных между собой узами кровного родства, проживающих вместе и общающихся на одном языке»[1]. С политической же точки зрения племена в США – это только те группы, которые, независимо от своего культурного происхождения, были реорганизованы федеральным правительством после выхода в 1934 году Индейского реорганизационного акта. Все такие племена должны иметь своё правительство, избираемое согласно одобренной государством Конституции племени[2]. На самом же деле аборигенные сообщества включали в себя целый спектр различных групп – от маленьких деревень семейного типа (в Калифорнии) до подобия городов-государств (вдоль реки Миссисипи) и даже конфедерации ирокезов (на северо-востоке). Некоторые племена возникли в результате контакта с европейцами, когда соседствующие группы объединялись для борьбы с колонизаторами, а также когда миссионеры сами объединяли несколько небольших групп в одну паству. В настоящий момент в США существует 562 государственно признанных племени и около 250 племён, пока что не получивших права так называться. Государственно признанные племена находятся в отношениях с США как «правительство с правительством» (government-to-government) и политически обладают статусом

---

[1] *Bordewich F.M.* Killing the White Man's Indian: Reinventing Native Americans at the End of the Twentieth Century. NY: Anchor Books, 1997. P. 69.
[2] Ibid., P. 20.

«внутренней зависимой нации». Они наделены правом самоуправления и получения ряда льгот за счет особых доверительных отношений (trust relationship) с государством. Несколько меньшими льготами располагают племена, признанные только на уровне того штата, в котором они проживают.

Видимо, в будущем понятие «племя» ещё претерпит некоторые изменения. Одним из вариантов этого понятия могут стать общины городских индейцев, т.е. сообщества коренных американцев – представителей различных племён, объединённых по территориальному признаку – проживанию в одном большом городе и у которых были бы свои критерии членства и этнокультурные характеристики. Если бы такое и произошло, то это означало бы, что коренные американцы прошли ещё один значительный этап адаптации к «европейскому колониализму и его наследию»[1]. Сами же индейцы, говоря о своей племенной принадлежности, всё чаще употребляют слово «народ» (nation), что вполне согласуется с общепринятой идеей о том, что, хотя и можно говорить об индейской этничности, подразумевая всё автохтонное население США, нельзя забывать, что оно состоит из целого ряда *этносов* – исторически сложившихся на определённой территории, устойчивых межпоколенных совокупностей людей, обладающих не только общими чертами, но и относительно стабильными особенностями культуры (включая язык) и психики, а также сознанием своего единства и отличия от всех других подобных образований (самосознанием), фиксированным в самоназвании (этнониме)[2].

Отношение к автохтонному населению менялось на протяжении веков. Можно сказать, что Соединённые Штаты в развитии национальных отношений прошли три основных этапа, которые характеризуются разными курсами в этнокультурной политике – ассимиляции, «плавильного котла» и культурного плюрализма (мультикультурализма).

Первым был взят курс на *ассимиляцию*, т.е. «процесс, в результате которого члены одной этнической группы утрачивают свою первоначально существовавшую культуру и усваивают культуру другой этнической группы, с которой они находятся в непосредс-

---

[1] *Thompson R.* (Ed.) Studying Native America: Problems and Prospects. Wisconsin: University of Wisconsin Press, 1998. P. 33.
[2] *Бромлей Ю.В.* Очерки теории этноса. М., 1983. С. 48.

твенном контакте»[1]. Он начался уже в поздний период колонизации (примерно с середины XVII в.) и продлился приблизительно до середины XIX века. Даже сам девиз, выгравированный на гербе США — «E pluribus unum», или «Из множества — единое», — прекрасно иллюстрирует взгляды американцев того времени на этнические группы, входящие в состав их нового общества.

В западной социологии ассимиляторские идеи и сегодня достаточно популярны. Их сторонники объясняют существующее в мире неравенство наличием этносов-доминантов (в США это евроамериканцы) и этносов-аутсайдеров (этнических меньшинств) и угнетением этническим центром этнической периферии[2]. В результате неизбежно возникает конфликт, следовательно, чтобы этого не происходило, необходимо максимально приблизить группы этнической периферии к группе этнического центра. Таким образом этносы-аутсайдеры смогут приобщиться к доминирующему этносу, и вопрос неравноправия будет снят с повестки дня. Согласно этой концепции, этническое многообразие нежелательно, и проблему неравенства сможет решить этническая унификация.

Ассимиляция может развиваться по разным направлениям. Так, М. Гордон, представитель чикагской ассимиляционной школы, выделяет следующие её направления:

- культурную, т.е. «окультуривание» одних народов другими;
- структурную, т.е. создание одинаковой внутриэтнической и социальной структуры у разных народов;
- брачную, образующуюся в результате смешанных браков;
- индентификационную, предполагающую перенос личностной идентификации с одной этнической группы на другую[3];
- поведенческую, при которой меняется стереотип поведения людей;
- гражданскую, предполагающую смену гражданства.

---

[1] Культурология: XX век. Энциклопедия. СПб: Университетская книга, 1998. (http://www.philosophy.ru/edu/ref/enc/)

[2] *Жарников А.Е.* Ассимиляторские теории национальных отношений. Основы национальных и федеративных отношений. М.: Изд-во РАГС, 2001. С. 165.

[3] Например, человек, ранее не считавший себя индейцем, в очередной переписи населения может пожелать быть записанным таковым.

Наиболее важной, по его мнению, является структурная ассимиляция, поскольку отличие одних народов от других в значительной степени определяется различиями их внутренней структуры[1]. Однако в последнее время в США вместе с ростом прав и свобод в обществе всё чаще можно встретить примеры идентификационной ассимиляции среди аборигенного населения, причём личностная и генетическая идентификации могут не всегда совпадать. Более того, подобный сдвиг в сторону «этнического возрождения» коренных американцев «не подпадает под традиционные модели этнических изменений»[2], так как ранее представители меньшинств предпочитали вливаться в доминирующую группу (из индейца просто в американца), а сейчас наблюдается обратное (из американца в индейца), что подтверждают переписи населения за последние 30 лет.

С самого начала большинство европейцев на американском континенте составляли британцы, и в таком обществе за основу брались взгляды, устои, ценности и модели поведения белого англоязычного протестантского населения, которое формировало новую американскую культуру «под себя», подавляя все другие. Даже сегодня можно встретить аббревиатуру «WAMP» (иногда «WASP») – White Anglo-Saxon Male Protestant, обозначающую группу общества, занимавшую в то время господствующее положение. Именно поэтому данная концепция ассимиляции в США и получила название *англоконформизма*, т.е. унификации культуры других народов, унаследованной от предков, в угоду поведенческих стандартов и ценностей англосаксонской группы. В те годы многие проблемы решались с применением силы, тем же способом проходила и ассимиляция коренного населения – путём его насильственной американизации и полного отрыва от своих традиционных корней. Взаимодействие индейских и американской культур проходило на всех уровнях – этническом, национальном и цивилизационном – поначалу в принудительной форме (путём колониального завоевания). И хотя в процессе аккультурации группа-донор (европей-

---

[1] *Жарников А.Е.* Ассимиляторские теории национальных отношений. Основы национальных и федеративных отношений. М.: Изд-во РАГС, 2001. С. 165.

[2] *Nagel J.* American Indian ethnic renewal: Politics and the resurgence of identity. // American Sociological Review. Washington, 1995, Vol. 60, № 6. P. 947–965. P. 949.

цы) столкнулась с реакцией — отторжением чужеродной культуры со стороны группы-реципиента (американских индейцев), вскоре она сменилась стадией адаптации — частичного изменения своих культурных паттернов (моделей) под влиянием культуры-донора. Тем не менее не стоит упускать из вида и обратное влияние, т.е. тот факт, что культурная адаптация шла взаимно с момента самого начала общения европейцев с индейцами, и это особенно отчётливо проявилось в последние десятилетия, когда внимание к автохтонному населению в стране резко повысилось. Но «... для малочисленных народов абсолютная заброшенность и чрезмерная забота представляют собой чуть ли не одинаковую угрозу. В первом случае — неизбежной ассимиляции, во втором — превращения в этнографический заповедник. Первый вариант означает потерю для человечества уникальной самобытной культуры, второй — низведение этой культуры до уровня экспонатов в краеведческом музее»[1].

Следующим этапом в развитии национальных взаимоотношений в США (середина XIX — середина XX вв.) стал период расцвета концепции *плавильного котла* (или «плавильного тигля» (melting pot)). Курс, взятый государством, заключался в том, чтобы «переплавить» все этнические составляющие американского общества в единую американскую нацию, соединить все национальные культуры в одну общую. Это стало «доминирующим мотивом движения американизации в начале XX века...»[2].

Термин «плавильный котёл» вошёл в употребление после появления пьесы И. Зангуилла, которая описывала американский опыт интеграции представителей различных этносов в единое общество и так и называлась — «Плавильный котёл» (1908). Идеи пьесы легли в основу этой концепции. Наиболее эффективно, по мнению И. Зангуилла, она проявляется в больших городах, создавая так называемый «городской плавильный котёл», пришедший на смену «переселенческому» (иммигрантскому) к началу XX века и господствовавший до его середины.

Хотя теория «плавильного котла» имела благую цель — создание единого сплочённого общества, живущего без конфликтов в

[1] *Наринская А.* Союз таких и других//Бизнес и коренные народы Севера. Коммерсантъ Social Report. М., № 11, 24 января 2006 г. С. 27.
[2] *Brown F.J., Roucek J.S.* (Ed.) One America. The History, Contributions, and Present Problems of Our Racial and National Minorities. NY: Prentice-Hall, Inc., 1946. P. 500.

мире и согласии, – как оказалось, она полностью себя не оправдала. «Культуры этнических меньшинств не переплавлялись, а держались в стороне от американской жизни, продолжая свои культурные практики изолированно»[1] от неё, и в первую очередь это касалось коренного населения, поэтому на смену образа «плавильного котла» в 1980-е годы пришёл новый образ – «миски с салатом» (salad bowl), символизировавший уже не переплавление, а равноценность каждого из компонентов и отвечавший требованиям уже начавшегося к тому времени следующего этапа этно-культурной политики.

Третий, современный этап (со второй половины XX века до настоящего времени) отражает курс государства, в основу которого легла концепция *культурного плюрализма* и тесно связанного с ним *мультикультурализма*, вследствие чего иногда эти термины используются взаимозаменяемо. Сегодня именно она получила наиболее широкое распространение. Согласно этой теории, некой идеальной культуры не существует. Ещё О. Шпенглер указывал на то, что все культуры развиваются автономно, и определения «передовые» или «отстающие» к ним не применимы, поэтому сравнивать их нельзя. Каждая культура по-своему уникальна, что объясняется ещё и историческим наследием каждой этнической группы, поэтому самым оптимальным вариантом будет сохранить всё лучшее из каждой из них, или, другими словами, – создать этакое «лоскутное одеяло» (patch-work quilt) из разных культур и обеспечить равноправное представительство интересов всех этносов, проживающих на территории государства. «Так, через признание факта культурного плюрализма мы достигаем культурной демократии»[2].

Данная концепция, как и две предыдущие, также зародилась в США. Теоретическая база культурного плюрализма стала закладываться ещё в первой половине XX века в работах философа Г. Каллена, который в 1924 году ввёл этот термин в своей работе «Демократия против *Плавильного котла*», и некоторых его последователей – Дж. Дивия, Н. Хепгуда, Р. Бурна. На распространение этой теории повлияли многие факторы, такие как рост недо-

---

[1] *Brown F.J.*, *Roucek J.S.* (Ed.) One America. The History, Contributions, and Present Problems of Our Racial and National Minorities. NY: Prentice-Hall, Inc., 1946. P. 500.

[2] Ibid., P. 501.

вольства этнических меньшинств своим социальным положением, сильная этническая разнородность страны, а также создание ООН и принятие таких важных документов, как «Всеобщая декларация прав человека» (1948 г.), «Декларация о правах лиц, принадлежащих к национальным или этническим, религиозным и языковым меньшинствам» (1992 г.) и ряда других законов о правах народов и недискриминации. По мнению французского исследователя Р. Ле Коадика, можно встретить три основных этапа «идентификационных волн», т.е. «три периода, когда различные группы требовали, в более или менее конфликтной форме, признания их культурных особенностей»[1]: первый — с конца 1950-х до конца 1970-х годов — этническое возрождение, или подъём этнонационализма, второй — 1980-е годы, преимущественно коснувшийся иммигрантов, и третий — 1990–2000-е годы, т.е. современный период, характеризующийся требованием этническими меньшинствами публичного признания национальных различий[2].

Американский антрополог Дж. Фурнивалл, изучая взаимоотношения местного населения и европейцев в период колонизации Америки, впервые употребил выражение «плюралистическое общество» в отношении идеи смешения, но не объединения этнических групп. Впоследствии такой подход лёг в основу концепции культурного плюрализма в этносоциологии. В 1980-е годы наравне с вышеупомянутым употреблялся термин «этнический плюрализм», а в наши дни всё чаще звучит призыв к *мультикультурализму* — тому же «мирному сосуществованию различных этнических и религиозных сообществ, каждое из которых мыслится как носитель особой культуры»[3], к «интеграции без ассимиляции»[4].

Канада стала первой страной в мире, где в 1971 году мультикультурализм был провозглашён официальной государственной политикой, и в 1982 году это было подкреплено конституционно «Канадской хартией прав и свобод». Впоследствии эта идеология распространилась по многим странам. Хотя в США мультикуль-

---

[1] *Ле Коадик Р.* Мультикультурализм//Диалоги об идентичности и мультикультурализме. Ред. Е. Филиппова, Р. Ле Коадик. М.: Наука, 2005.

[2] Там же.

[3] *Малахов В.* Культурный плюрализм versus мультикультурализм//Философско-литературный журнал «Логос». № 5/6 2000 (26). С.4–8. С. 5.

[4] *Малахов В.* Вызов национальному государству//Pro et Contra. М. Т. 3, 1998, № 2. С. 141–154. С. 141.

турализм и не стал частью официальной государственной политики, он там довольно хорошо прижился, что позволило учёным первую из двух его моделей – «резервирования квот» и «формального равенства»[1] – называть «американской». Именно в Соединённых Штатах, наравне с Канадой, начала действовать система «положительных мер» (affirmative action)[2], в первую очередь коснувшаяся системы образования, поэтому в американской литературе мультикультурализм нередко определяется именно как особая образовательная программа, суть которой заключается в представленности достижений всех этносов в учебных планах колледжей и университетов. Однако постепенно США пришлось отказаться от установления этнических квот в вузах и на предприятиях страны, т.к. эти меры снизили конкурсные требования и качество обучения. И это не единственный упрёк в адрес политики мультикультурализма. Это вполне объяснимо, ведь происходящее на всех уровнях межэтническое взаимодействие периодически изменяет свою форму, что требует пересмотра и корректировки существующей идеологии, а «отсутствие единого мнения буквально по всем вопросам отражает сложность и противоречивость рассматриваемых явлений и процессов, связанных с этничностью»[3]. В последнее время во всём мире политика мультикультурализма подвергается всё большей критике, не говоря уже о том, что его «идеальный» вариант вряд ли достижим в принципе. Даже «восстановление «исторической справедливости», т.е. своего рода компенсация членам групп за причинённые им страдания, на деле оборачивается привилегиями для потомков членов этих групп (часто не в первом поколении), которых эти страдания не коснулись»[4]. Исследователи, отмечая множество неоспоримых достоинств мультикультурализма – признание и защиту прав национальных меньшинств, отказ от различного рода предрассудков и расизма и др., – видят в нём немало недостатков, а иногда и угроз для современного обще-

---

[1] *Галецкий В.* Критическая апология мультикультурализма//Интернет-газета «Трибуна». 14.02.2006.
(http://tribuna.com.ua/pda//news/2006/02/14/44666)

[2] Подробнее см. § 2.

[3] *Майничева А.Ю.* Проблемы этничности и самоидентификации в работах зарубежных авторов: историографический очерк//Эл. журнал «Сибирская Заимка», № 1, 2004. (http://zaimka.ru/01_2004/mainicheva_ethnic/)

[4] *Малахов В.* Вызов национальному государству//Pro et Contra. М. Т. 3, 1998, № 2. С. 141–154. С. 144.

ства вплоть до «создания «угрозы» национальной гармонии и единству»[1], его превращения в свою противоположность[2] и даже отнесения его американской модели к «революционному движению, цель которого — разрушить потенциал культурной ассимиляции в США»[3]. Так как национальные меньшинства зачастую испытывают «страх перед смешением»[4], в своём стремлении к сохранению своих этнических особенностей они могут доходить до крайностей. Подобные опасения вызывает в том числе и коренное население США, приоретизируя собственные культуру, традиции и язык в учебных программах племенных колледжей, проявляя таким образом своего рода этноцентризм. Однако, даже отдавая предпочтение какой-либо одной культуре, в мультикультурном обществе национальным меньшинствам не удаётся избежать бикультурализма, что нашло яркое отражение в индейской этнической литературе, и для многих американских индейцев вызывает больше трудностей, чем приносит благ, ведь «доступ к двум культурам представляется скорее потерей, чем обогащением: личность может располагать в этом случае лишь двумя «половинками» идентичности»[5]. По прогнозам учёных, ныне господствующая идеология претерпит ещё немало изменений, но пока остаётся не совсем ясным, каков будет конечный результат.

Однако различным этносам приходится сосуществовать независимо от доминирующей в обществе концепции, что практически всегда порождает конфликты — политические, экономические, социальные, культурные, идей, ценностей и т.п., и тогда встаёт вопрос о культурной совместимости. В наше время добиться решения этого вопроса в большинстве случаев стороны стремятся мирным путём, что в результате позволяет государству учитывать интересы всех групп населения. По мнению директора Института этнологии и антропологии РАН В. Тишкова, «сов-

---

[1] *Низамова Л.* Идеология и политика мультикультурализма: потенциал, особенности, значение для России//Гражданское общество в многонациональных и поликонфессиональных регионах. Материалы конференции. Казань. Гендальф, М., 2005. С. 9–30. С. 28.
[2] *Малахов В.* Скромное обаяние расизма и другие статьи. М.: Дом интеллектуальной книги & Модест Колеров, 2001.
[3] *Schmidt A.J.* The Menace of Multiculturalism: The Trojan Horse in America. Westport, Connecticut; London^ Praeger, 1997. P. 13.
[4] *Ушанова И.А.* Глобализация и мультикультурализм: пути развития // Вестник Новгородского государственного универститета. № 27, 2004.
[5] Там же.

ременная наука уже отказалась от вариантов культурной изоляции или полной ассимиляции коренных народов. Мы говорим о варианте культурно ориентированной модернизации как о наиболее правильном пути развития...»[1].

Совершенно очевидно, что третий, т.е. современный этап в развитии национальных взаимоотношений в США по сравнению с предыдущими является наиболее благоприятным для сохранения и возрождения культурных традиций национальных меньшинств, что, несмотря на обвинения его в несовершенстве, благотворно сказывается на автохтонном населении. Толерантность как неотъемлемая составляющая культурного плюрализма помогла американскому обществу заглянуть внутрь себя и обнаружить там удивительное многообразие культур и традиций. Однако опыт прошлых веков — практика подавления и истребления языков, религий, традиций и обрядов аборигенов — оставил неизгладимый отпечаток на жизни современных индейцев. Нельзя отрицать тот факт, что их аккультурация, т.е. процесс взаимовлияния культур, восприятия одним народом полностью или частично культуры другого народа[2], не только имела место, но в некоторой степени продолжается и сейчас. Не случайно большинство коренных американцев считает, что период колонизации не окончен и сегодня...

---

[1] *Дранкина Е.* Северный прогноз//Бизнес и коренные народы Севера. Коммерсантъ Social Report. М., № 11, 24 января 2006 г. С. 27–29. С. 29.
[2] Большой энциклопедический словарь. (http://www.voliks.ru/).

§ 2. История развития американо-индейских отношений: коренное население США в политике церкви и государства

Для полноценного понимания положения культуры коренных американцев в наши дни и проблем, стоящих перед ними, которые будут рассмотрены во второй главе, необходимо проследить развитие взаимоотношений между американцами и индейцами с момента их возникновения до современного этапа. Обращение к главным событиям американо-индейской истории поможет выявить причины и предпосылки современного состояния индейских этнических групп в американском обществе, изменений, происходивших в этнокультурной политике США в отношении автохтонного населения, состояние индейских культур, языков и религий в наши дни и попытаться спрогнозировать возможные пути дальнейшего развития этих культур. Однако представлением общей картины не обойтись, поэтому мы считаем важным прибегнуть к анализу наиболее значимых событий, имеющих непосредственное отношение к вышеуказанным вопросам.

По наиболее распространённой теории, Америка была заселена выходцами из северо-восточной Азии, которые мигрировали на новый континент по перешейку через Берингов пролив около 25–30 тыс. лет назад. Постепенно они расселились по всей территории Северной Америки, а впоследствии и южнее, образовав множество индейских племён, которые отличались между собой социальным устройством, укладом и образом жизни, языком, культурой, обычаями, традициями, верованиями...

Приблизительно к 1000 году до н.э. различные группы в восточной части Северной Америки уже обладали тремя основными признаками, свидетельствовавшими о наличии культуры. Они производили керамические изделия, практиковали примитивную обработку земли и уделяли большое внимание погребальному обряду.

Со временем некоторые племена мигрировали, взаимодействовали между собой, воевали, что постепенно приводило их к трансформированию на всех уровнях, поэтому неверно было бы говорить о единой индейской культуре, т.к., несмотря на целый ряд объединяющих элементов, различия в зависимости от региона могут быть довольно существенными.

По одной из гипотез, к моменту прибытия X. Колумба в Северную Америку (1492 г.) там могло проживать приблизительно 500 племён общей численностью в 5 млн. человек. С момента начала колонизации до настоящего времени демографические показатели аборигенного населения резко изменялись – от падения (например, после серьёзных эпидемий и войн) до скачков вверх, как в последние годы. В 2002 году в США насчитывалось более 4,3 млн. индейцев[1].

Сегодня коренное население проживает на всей территории Соединённых Штатов. По типу представленных в Северной Америке культур этнологи разделяют её на 10 основных культурных регионов: Арктику, Субарктику, Северо-западное побережье, Калифорнию, Юго-Запад, Большой Бассейн, Плато, Великие Равнины, Юго-Восток и Северо-Восток (Вудленд) (см. Приложение 1), что отчётливо свидетельствует о разнообразии проживающих там племён. Тем не менее, когда европейцы прибыли на «новый» континент и стали его осваивать, всех коренных обитателей они собирательно окрестили «индейцами», и этим был заложен первый камень в фундамент будущей «индейской политики», что в первую очередь отразилось на рассмотрении большинства вопросов, связанных с автохтонным населением, как вопросов общего для него характера, т.е. безотносительно племенной принадлежности. Этот подход можно в целом считать верным, но, к сожалению, далеко не во всех случаях, ибо нельзя забывать о разнородности индейцев и игнорировать её.

Если внимательно проследить процессы ассимиляции, то можно заметить, что постепенное слияние разных племён с американским обществом, усвоение их представителями чужих языка и культуры, преодоление своей экономической и культурной обособленности проходили везде по-разному. Одни племена были настроены к европейцам, оказавшимся на их континенте, дружелюбно, другие – враждебно, что в дальнейшем, возможно, и стало одним из факторов, частично объясняющих некоторые различия в степени этой ассимиляции. Так, например, дружественные племена и новые поселенцы чаще сосуществовали мирно, в чём-то помогая друг другу (достаточно вспомнить первый совместный День благодарения осенью 1621 года после того, как индейцы спасли пилигримов от голодной смерти, научив их выра-

---

[1] U.S. Census Bureau.

щивать кукурузу и другие сельскохозяйственные культуры); они могли жить рядом, вести торговлю, знакомиться с языками и бытом друг друга. В подобной ситуации индейцы, благодаря неустанной работе миссионеров, быстрее и легче обращались в христианство. Следовательно, таким племенам было проще взаимодействовать с новыми соседями и заимствовать их культурные паттерны, ассимиляция являлась для них естественной, хотя не стоит забывать, что любая «ассимиляция, в том числе культурная, не бывает добровольной. В самом мягком варианте — лишь добровольно-принудительной»[1]. Необходимо отметить, что заимствование, как и вся культурная адаптация, проходило двусторонним путём. Абсолютно чётко прослеживается в английском языке наличие множества индейских слов (powwow, tomahawk, pecan, wigwam), на карте США — индейских названий (Дакота, Массачусетс, Миссури, Делавэр, Коннектикут). Активное использование поселенцами ряда овощных культур и полезных растений (кукурузы, кабачков, картофеля, фасоли, табака), некоторых предметов (мокасин, снегоступов, каноэ, тобоггана), не известных им ранее (т.е. до открытия Америки) и позднее вывезенных в Европу, Азию и Африку, также свидетельствует о естественном взаимодействии двух культур.

Обратную картину можно наблюдать с племенами, которые были настроены по отношению к европейцам враждебно. Они вели с колонизаторами войны, нападали на их поселения, восставали против навязываемого им и чуждого для них образа жизни, активно отстаивая права на свои территории и независимость. В результате такие индейцы для новых американцев надолго становились врагами, с которыми приходилось в первую очередь заключать мирные договоры. Всё это затрудняло процесс сближения, и, естественно, агрессивная реакция друг на друга вызывала у обеих сторон скорее неприязнь, чем симпатию. Ассимиляция в подобной ситуации была насильственной. Но даже враждебно настроенные племена не смогли избежать аккультурации и со временем всё же попали в сильную зависимость от европейцев:

«Когда индейцы обитали одни в той дикой местности, откуда их прогнали, их потребности были невелики. Они сами изготав-

---

[1] *Галецкий В.* Критическая апология мультикультурализма / Интернет-газета «Трибуна». 14.02.2006.

ливали своё оружие, вода из реки была им единственным питьём, а животные, на которых они охотились, обеспечивали их едой и одеждой.

Европейцы открыли коренному населению Северной Америки огнестрельное оружие, железо и брэнди; они обучили его использовать нашу ткань вместо грубых тканей, которые ранее удовлетворяли индейскую непритязательность...»[1].

Если до контакта с европейцами коренным американцам для жизни вполне хватало того, что они имели, то через какое-то время многие новые заимствования оказались уже незаменимыми и смогли за короткий период кардинально изменить образ жизни племён. Они уже не были столь самодостаточными; это поставило их в экономическую зависимость от европейцев, что также помогло последним обрести главенствующий статус.

Однако процессы двустороннего заимствования и вынужденного частичного изменения образа жизни – факторы, скорее объединяющие обе эти культуры, чем противопоставляющие их друг другу. Время опровергло взгляды социал-дарвинистов XIX века о том, что индейцы со временем должны исчезнуть уже потому, что они привязаны к своим древним традициям и, следовательно, не могут быть одновременно и «современными». По их представлениям, бытовавшим ещё долгое время после начала колонизации Америки, социальные изменения в жизни племён с традиционным жизненным укладом теоретически приведут к настолько сильному «перелому культуры» этих племён, что они просто не выдержат подобного конфликта и довольно быстро вымрут. Но аборигенные народы полностью опровергли эту точку зрения: они не только адаптировались и выжили, но и сумели сохранить многие древние традиции, совместив в себе «два мира» – прошлый и настоящий. Примером тому могут служить как появление письменности, так и изменение политического устройства племён (насильственное, с опорой на т.н. «прогрессивную» часть индейского общества – полукровок и служащих), создание собственных правительств из существовавших советов племён и вождей. Это стало возможным только с образованием государства – США. Не исключено, что способность к адаптации с сохранением при этом индивидуальности стала одной из причин выживания индейских культур. «Измене-

---

[1] *Toqueville A.* Democracy in America. Ed. J.P. Mayer, M.Lerner. NY: Harper and Row, 1966. P. 296.

ния и преемственность — не противоположности, скорее, изменения — неотъемлемая часть преемственности любой культуры. Этнические особенности не покоятся в людях, являясь пережитками замёрзшего прошлого, а наоборот, исходят из современного понимания ими взаимосвязи с этим прошлым»[1].

Возвращаясь к периоду колонизации, необходимо учитывать, что одной из важнейших её составляющих с точки зрения культурологии является межкультурный конфликт, который она неизбежно порождает; в случае США — это «конфликт глобалистических тенденций и антиглобалистических идеалов»[2]. Чтобы проследить его развитие с самого начала, следует различать политико-экономический и церковный подходы к аборигенному населению, хотя зачастую они совпадали. Различные колонизаторы (а это были и англичане, и французы, и голландцы, и испанцы, и русские) вели себя по-разному. Для раннего этапа колонизации характерным было насильственное изгнание племён с их территорий, оттеснение их на запад. Но со временем стиль взаимодействия европейцев с индейцами несколько изменился. Политически и экономически для новых поселенцев в борьбе за землю индейцы представляли собой помеху; для церкви же это были сбившиеся с пути истинного люди, которых необходимо было обратить в христианскую веру и культурно адаптировать. Исходя из разных целей, методы влияния на аборигенное население также отличались друг от друга. Для достижения своих экономических и политических целей колонизаторы чаще всего применяли силовые методы — войны, убийства, насильственное переселение или же прибегали к хитрости при составлении большинства договоров, по которым земли доставались им практически даром. Именно в те далёкие годы и заложилась база американо-индейских отношений, многие модели которой продолжали действовать в XX веке и сохранились по сей день. На руку европейцам играло и распространение завезённых ими болезней, неизвестных ранее на континенте, уносящих с собой сотни и тысячи жизней. У аборигенов не было иммунитета к новым заболеваниям, вследствие чего европейцам порой даже не нужно было

[1] *Pryce P.* «Keeping the Lakes' Way»: Reburial and Re-creation of a Moral World among an Invisible People. Toronto, etc.: University of Toronto Press, 1999. P. 10.

[2] *Наринская А.* Союз таких и других//Бизнес и коренные народы Севера. Коммерсантъ Social Report. М., № 11, 24 января 2006 г. С. 27.

воевать за землю – они приходили, а воевать было уже практически не с кем. В 1780–1800-е годы крупные эпидемии оспы и кори прокатились по районам южных штатов, а в конце 1830-х годов оспа, грипп, корь и холера поражали огромное количество племён по всей Северной Америке. Агрессия коренного населения всё возрастала, постепенно выливаясь в кровопролития; случаи нападений на колонизаторов учащались. В зависимости от складывающихся обстоятельств, от смены правительств, возрастающих потребностей, которые нуждались в удовлетворении, а также в силу целого ряда других причин в различные исторические периоды политический курс европейцев в Северной Америке неоднократно претерпевал изменения. Исходя из того, что европейцы, ступившие на индейские земли, были представителями не только иной культуры и цивилизации, но в первую очередь являлись носителями иных идеалов и другой веры, которой они руководствовались в совершении любых своих поступков и деяний, представляется целесообразным поначалу рассмотреть вопросы, связанные с политикой, проводимой на заново открытом для себя континенте христианской церковью.

Поселенцы мало задавались вопросами обращения коренных американцев в новую веру, предпочитая просто сгонять их с обжитых территорий. Когда же в этом назрела необходимость, то процесс христианизации протекал совсем не гладко. Церковь в достижении своих целей использовала свои методы. Её служители занимались миссионерством и формально выступали на стороне своих будущих прихожан-индейцев. Однако, являясь яркими представителями европейской цивилизации, они фактически помогали своим соотечественникам претворять идеи покорения и подчинения коренных американцев в жизнь, поддерживая политику колонизаторов. В оправдание подобного насилия церковью была выдвинута теория, согласно которой аборигенное население рассматривалось как низшая раса, «благородные дикари», и Бог специально послал европейцев на этот континент, возложив на них великую миссию «цивилизовать дикарей» и предназначив земли последних для выходцев из Старого Света. Убеждённость верующих в своей правоте даже не толкала их на поиск обоснований подобной точки зрения: для них и так всё было очевидно. Если же они и задавались вопросами о месте индейцев в природе и на Земле, то находили ответы на них опять же в своём превосходстве и «цивилизующей роли». Яркой иллюстрацией подобного отношения служит тот факт, что сам Папа римский Павел III, наставляя французов, отправлявшихся осваивать новые земли на территории современной Канады, издал в 1537 году специальную буллу «Sublimis deus sic dilexit», в которой говорилось, что с американскими индейцами следует обращаться не как с «бессловесными животными, созданными нам в услужение... [а] как с настоящими людьми..., способными понять католическую веру...»[1].

Хорошо известно, что европейцы в различные периоды колонизации Америки были глубоко верующими людьми, для которых религия не просто имела огромное значение, но незримо присутствовала во всём, что они делали, руководила их поступками. Большинство служителей церкви поддерживало идею того, что индейцы находятся на низшей ступени развития по отношению к европейцам. Следуя идеалам всеобщего братства и взаимопомощи, заложенным в Библии, стремление европейцев «цивилизовать» аборигенов было вполне оправданным: это должно было последним помочь. Конечной целью являлось максимальное приближение их стиля жизни к европейскому, а осуществить это можно было только при условии решительных перемен во всех сферах жизни, начиная от бытового уклада и заканчивая образом мышления.

Религии в решении такой трудной задачи отводилась главенствующая роль, ибо человек способен измениться лишь под воздействием того, во что он свято верит. И миссионеры самоотверженно брались за работу, стремясь как можно больше индейцев обратить в христианство, что зачастую и удавалось им сделать. Однако процесс этот был долгим и трудным. В среде миссионеров встречались довольно разные люди: некоторые из них (особенно из среды католиков) могли быть названы настоящими религиозными фанатиками, но были и те, кто проникался уважением к индейским ценностям и наравне с проповедованием христианства старался поддерживать аборигенные культуры. Не исключено, что на это повлиял и тот факт, что первыми на континенте появились протестанты, которые отличались от других представителей христианства меньшим догматизмом и большей приближённостью к мирянам.

Несомненно, для ряда коренных американцев причиной принятия новой веры явилась отчаянная и вместе с тем искренняя надежда на помощь сильного Бога белых в избавлении целых

---

[1] *Green L.C., Dicason O.P.* The Law of the Nations and the New World. Winnipeg, Manitoba, Canada: Univ. of Alberta Press, 1999. P. 18.

племён от непонятных болезней и других напастей, свалившихся на них и их земли, на Его справедливость и защиту. Однако для части аборигенов поклонение этому Богу явилось неким политическим ходом: чтобы не ввязываться в конфликты с европейцами и не осложнять себе жизнь, проще было создавать видимость веры, соблюдая предписания церкви.

Навязываемая новая религия хотя и привлекала отдельных индивидов, но всё же для большинства оставалась за гранью их миропонимания, тем более что в реальной жизни индейцы нередко наблюдали, как колонизаторы сами нарушали заповеди своего Бога, убивая, насилуя и грабя... Церковь была более лояльна, но всё же не отвергала методов силового воздействия на своих подопечных. Борьба с чуждыми христианству божествами и традициями и их искоренение предполагали введение строжайших запретов, а любое неповиновение сопровождалось публичными наказаниями, господней карой и гонениями на непокорных.

Однако уничтожить веками сложившуюся культуру, традиции и религиозные представления любого народа, как и его самосознание, довольно сложно. В лучшем случае в процессе аккультурации происходит смешение старого и нового, выливаясь в некий симбиоз, а порой старое просто на время «прячется» в ожидании первого же удобного случая, чтобы возродиться вновь. Поэтому неудивительно, что, хотя большинством новообращённых прихожан североамериканского континента новая религия и поддерживалась, наряду с христианством, невзирая на строжайшие запреты, сохранялись традиционные верования, обряды и церемонии, которые продолжают существовать и в наши дни. Однако адаптация и в этом плане была неизбежна, о чём свидетельствуют некоторые более поздние религиозные течения и мифы индейцев, записанные и исследованные европейцами. В этом плане индейские племена Северной Америки можно сравнить с коренными народами Сибири, а также с индейскими племенами Южной Америки, где попытка полной христианизации также не увенчалась успехом. В наши дни во всех вышеуказанных регионах можно наблюдать явление синкретизма – смешения, неорганического слияния различных культов и религиозных систем. Исследователи часто отмечают феномен двоеверия, сосуществования аборигенной и христианской религий, причём подобное соседство породило в некоторых случаях уникальное комбинирование элементов обоих верований.

Позже церковь, взяв под своё крыло новых детей, сформировала и выдвинула центральную для осмысления индейского вопроса концепцию патернализма, согласно которой выходцы из Старого Света и образованные ими государственные структуры выступили по отношению к коренному населению в роли родителей, наставников. Однако не следует забывать, что патернализм носил двойственный характер. Как известно, позиции родителей и детей зачастую не совпадают. Те действия, которые родители расценивают как благо для своего ребёнка, последним могут восприниматься как бессмысленная жестокость и наказание[1]. Патернализм лёг в основу дальнейшей политики, проводимой европейцами на новом континенте.

Так или иначе, в первые периоды колонизации европейцы вынуждены были констатировать, что все их действия, направленные на освоение новых земель, наталкиваются на противодействие со стороны американских индейцев, и это не могло не раздражать. Сначала они надеялись, что с местным населением не будет проблем — ведь справиться с несколькими, пусть иногда даже и многочисленными группами не так уж и сложно. Несомненно, у завоевателей было много преимуществ, и в первую очередь – оружие, лошади и иммунитет ко многим ими же завезённым болезням. Но туземцы оказались очень упрямыми. Это привело колонизаторов к мысли, что если индейцев не удаётся «цивилизовать», то их надо истреблять. В течение какого-то времени такая политика и проводилась в жизнь. Так, в 1650-е годы голландцы после очередной резни привезли с собой в Новый Амстердам (нынешний Нью-Йорк) 80 отрубленных голов индейцев и использовали их в качестве мячей для игры. В 1711 году Палата горожан Вирджинии выделила £ 20 тыс. «на истребление всех индейцев, будь то друзья или враги»[2]. Помимо этого, процветало рабство: до внесения в 1865 г. XIII Поправки к Конституции, которая отменила его, в одной только Калифорнии в рабстве могло находиться до 10 тыс. индейцев[3].

Казалось бы, весь тот период пропитан жестокостью и зверствами с обеих сторон. Но, по мнению некоторых учёных, это было

---

[1] *Prucha F.P.* The Indians in American society: From the revolutionary war to the present. Berkeley etc.: University of California Press, 1985. P. 11.

[2] *Bordewich F.M.* Killing the White Man's Indian: Reinventing Native Americans at the End of the Twentieth Century. NY: Anchor Books, 1997. P. 35.

[3] Ibid., P. 51.

обусловлено самим временем и потребностями людей. Более того, они считают, что в той ситуации это было естественно, поэтому никого не стоит обвинять в чрезмерной жестокости. Ведь «если бы наше внимание не было приковано именно к индейцам, продвижение на запад казалось бы нам таким же естественным, каким оно казалось самим поселенцам»[1].

Одним из способов мирного взаимодействия явились договоры. Система договоров существовала на континенте и до прихода европейцев. Однако в те далёкие времена это были церемонии «утирания слёз» и «установления родства» между племенами, служившие для устранения вреда, причинённого более ранними взаимоотношениями, перед вступлением в новые, дружеские. Для европейцев же, по мнению индейского историка и общественного деятеля Вайна Делории-мл., это был лишь шаг на пути достижения собственных целей, который легко мог быть забыт, если в нём отпадала необходимость или возникала какая-либо иная выгода[2]. Этим объясняется и различное отношение к договорам: у индейцев – как к важным документам, многие из которых были подписаны чуть ли не кровью и должны иметь юридическую силу, а у евроамериканцев – как к определённым обязательствам, которые можно было пересмотреть или же вовсе нарушить.

С принятием Конституции индейские племена обрели статус суверенных народов, что позволило американскому государству юридически на равных правах заключать с ними договоры, которые стали одной из основных составляющих американо-индейской политики. «Между 1778 годом, когда был подписан первый договор с делаварами, и 1868, когда был заключён последний с неперсе, 367 индейских договоров было ратифицировано и 6 имело спорный статус. Помимо этого, значительное число договоров, подписанных индейскими вождями и правительственными уполномоченными, так и не было ратифицировано Сенатом и президентом»[3]. Основная часть договоров касалась землепользо-

---

[1] *Murphey D.D.* The Historic Dispossession of the American Indian: Did it Violate American Ideals?//Journal of Social, Political, and Economic Studies. Washington, 1991. Vol. 16, № 3. P. 347–368. P. 355.

[2] *McMaster G., Trafzer C.E.* (Ed.) Native Universe: Voices of Indian America. Washington: Smithsonian Institution, National Museum of the American Indian (The Inaugural Book of the NMAI), 2004. P. 144.

[3] *Prucha F.P.* American Indian Treaties: The History of a political anomaly. Berkeley etc.: University of California Press, 1997. P. 1.

вания (например, установления границ индейских территорий), но этим они не исчерпывались. Среди подобных документов были договоры о мире (ведь договорный период совпадает с периодом множества так называемых индейских войн, которые велись между европейцами и племенами), об образовании, об условиях торговли между племенами и правительством, о признании протектората США, о запрете или ограничении употребления алкоголя индейцами и др. Договоры были удобным политическим инструментом, и если вначале они «носили дипломатический характер», то «вскоре Соединённые Штаты стали заключать договоры с позиции подавляющей силы», вследствие чего «к политической зависимости племён прибавилась и зависимость экономическая»[1]. 3 марта 1871 года Конгресс принял закон, запрещающий заключать договоры с индейцами, что официально завершило договорный период индейской политики США. (Для сравнения отметим, что в Канаде практика заключения договоров с индейцами просуществовала с 1850 по 1923 годы.)

Чтобы правильно оценить современное положение индейцев, а также их претензии к американскому правительству на протяжении всей истории, необходимо учитывать несколько базовых положений, заложенных в законодательство США. Среди основных документов, разумеется, фигурируют Конституция и все Поправки к ней. Конституция гласит, что Соединённые Штаты могут «регулировать торговлю с иностранными государствами, между отдельными штатами и с индейскими племенами»[2], тем самым установив межправительственные отношения между американцами и индейцами, т.е. индейские племена рассматривались и рассматриваются как отдельные политические образования. XIII Поправка к Конституции от 6 декабря 1865 года отменила рабство. XIV Поправка, принятая 9 июля 1868 года, фактически лишила индейцев права голоса, однако уже спустя меньше чем два года, 2 февраля 1870 года, вышла XV Поправка, утверждавшая, что право голоса «не должно отрицаться или ограничиваться... по признаку расы, цвета кожи...». Те же ограничения по признаку пола были сняты 18 августа 1920 года XIX Поправкой. Для автохтонного населения наиболее важными и значимыми стали XIII и XV Поправки.

[1] *Prucha F.P.* American Indian Treaties: The History of a political anomaly. Berkeley etc.: University of California Press, 1997. P. 6–7.
[2] Конституция США, Ст. 1, Разд. 8.

Хотя американские индейцы и являются коренными обитателями континента, гражданство США все племена получили чуть менее века назад – только в 1924 году. Зачастую споры, решавшиеся с позиций законов государства или отдельно взятого штата применительно к племенам, доходили до судебных разбирательств. Каждое конкретное дело рассматривалось отдельно, однако суверенный статус племён в большинстве случаев являлся и по сей день является веским аргументом в защите прав индейцев. Право племён на самоуправление было сформулировано Верховным судьёй Дж. Маршаллом в 1831 году во время судебного процесса *Племя чероки против Штата Джорджия*. Согласно этому праву, племенные правительства не находятся в подчинении своего штата.

Важным юридическим обязательством, впервые взятым на себя Соединёнными Штатами на том же процессе, является опека над коренным населением. Эта доктрина также вошла в так называемую «Доктрину Маршалла» и впоследствии сыграла важную роль в других индейских исках[1].

Таким образом, фундаментальными положениями американского законодательства в отношении коренного населения явились:

- независимый статус индейских племён и их право на самоуправление;
- выстраивание отношений индейских племён с правительством США и штатов, в которых они проживают, по межправительственному принципу («правительство с правительством»);
- доктрина опеки государства над коренным населением.

Американское правительство постоянно осуществляло опеку над индейцами, вводя всё новые «цивилизующие» программы и проводя политику патернализма. «В XIX веке и в первых двух десятилетиях XX движение аккультурировать, ассимилировать и американизировать индейцев было единственной силой, доминирующей в индейских делах государства»[2]. Все перечисленные выше принципы легли в основу американо-индейских отношений и действуют по сей день.

---

[1] Более подробно функционирование вышеуказанных положений будет проиллюстрировано ниже.

[2] *Prucha F.P.* The Indians in American society: From the revolutionary war to the present. Berkeley etc.: University of California Press, 1985. P. 56.

После Первой мировой войны произошли серьёзные изменения в американском обществе, которое уже не было столь религиозным. Процессы секуляризации, т.е. освобождения общественного и индивидуального сознания от влияния религии, отразились и на государственной политике: на фоне ставшего уже традиционным ассимиляционного подхода появилась новая философия «индейской реформы», которая стремилась защитить, сохранить и укрепить индейские традиции в искусстве, религии и социальной организации»[1]. С подобными взглядами на политической арене выступило новое поколение реформаторов, которым удалось отстоять авторитет индейских культур и попытаться его реабилитировать. Люди в администрации, сочувствующие коренному населению и искренне заинтересованные в улучшении его положения, встречались и ранее. В их числе в редких случаях оказывались даже сами представители племён (так, например, в 1869 году Эли Паркер из племени сенека стал первым индейским уполномоченным по делам индейцев). Одним из самых ярких реформаторов был Джон Кольер — уполномоченный по делам индейцев в 1933–1945 годах, активный защитник прав аборигенов. Его идеалом общественной жизни являлись племена индейцев пуэбло, земли которых он спас от разделения, проходившего согласно правительственным программам. Он «совершил революцию в индейской политике»[2]. Восхищаясь культурными ценностями индейцев, Дж. Кольер мечтал экономически и духовно возродить автохтонные сообщества и предоставить им опыт демократии в виде самоуправления и самоопределения. Он был инициатором «нового индейского курса», охватившего весь период его пребывания на этом посту. Но после него пришли другие люди, такие, как сенатор А.В. Уоткинс, посчитавшие такой курс ошибкой; в результате политика вернулась в прежнее русло ассимиляции.

Концепция патернализма требовала различных инструментов, в том числе и создания специально ориентированных организаций, таких, как Бюро по делам индейцев, или БДИ (Bureau of Indian Affairs, BIA), образованное в 1834 году на базе Военного министерства и перешедшее в 1849 году в ведение Министерства внутренних дел. БДИ должно было осуществлять посредни-

_____

[1] *Prucha F.P.* The Indians in American society: From the revolutionary war to the present. Berkeley etc.: University of California Press, 1985. P. 56.
[2] Ibid., P. 60.

ческие функции между правительством и коренным населением в вопросах заключения земельных договоров. К концу XIX века БДИ через федеральных агентов полностью осуществляло управление индейскими общинами в резервациях. Впоследствии к функциям Бюро добавился контроль за осуществлением федеральных индейских программ. БДИ и сегодня занимает особое положение среди организаций, ведающих делами индейцев, но отношение к нему со стороны последних далеко не однозначное. За годы существования БДИ в его адрес поступало множество (доказанных в судебном порядке и документально подкреплённых) обвинений в использовании средств, выделяемых государством на программы, не по целевому назначению, в искусственном раздувании штата сотрудников, в навязывании своих взглядов коренному населению без учёта его жизненных интересов и потребностей и др. Вместе с тем некоторые из программ, осуществляемых Бюро, заведомо были обречены на неудачу, а порой влекли за собой целый ряд пагубных последствий. Причиной послужило непонимание того, что «их программы не были как следует адаптированы к индейскому опыту и культурному наследию. Если бы предложения применялись к белым американцам, они несомненно имели бы успех»[1].

Наблюдая за теми или иными изменениями политического курса, не стоит забывать о том, что изначально и на протяжении нескольких столетий яблоком раздора являлись захватываемые европейцами территории, поэтому история земельного вопроса — это отдельная глава в американо-индейской политике, оказавшая сильное влияние на аборигенные культуры, вследствие чего на ней стоит остановиться поподробнее.

Если в первые годы колонизаторы в чём-то шли на компромисс и могли находить более мирные способы завладения землёй и продвижения вглубь материка, то очень скоро аборигенное население оказалось для них помехой, которую каким-то образом требовалось устранить. Но индейцы не собирались уступать, и не только потому, что эта земля была для них родной. По их религиозным представлениям, окружающий природный ландшафт — это священные места, места церемоний и обрядов, неразрывно связанные с людьми по воле Высших сил, аналог христианской

---

[1] *Prucha F.P.* The Indians in American society: From the revolutionary war to the present. Berkeley etc.: University of California Press, 1985. P. 53.

церкви. Поэтому даже спустя годы после завоевания или купли (либо договорного забора) земли индейцы продолжали восставать и воевать против захватчиков их территорий.

Как уже отмечалось выше, в 1787 году в Конституции США (Статья 1, Раздел 8) впервые были заложены отношения с племенами по принципу «правительство с правительством» (government-to-government). В том же году, 13 июля, после предложения министра обороны Г. Нокса рассматривать индейские племена «как зарубежные нации, не подвластные какому-либо штату, а их право на владение своими землями – законными и не подлежащими сомнению»[1], Конгресс принял Северо-западный ордонанс, подтверждавший независимый статус индейцев и запрещавший насильственный захват их территорий.

Несмотря на это, в 1830 году был принят Акт Э. Джексона о переселении индейцев (Indian Removal Act), по которому президент наделялся правом заключать с племенами договоры об уступке земель. Закон предписывал переселить восточные племена за реку Миссисипи. Сама идея создания «Индейской территории» относится ещё к 1803 году, когда Т. Джефферсон поставил в Конгрессе вопрос о переселении индейцев к западу от Миссисипи. В 1824 году при военных департаментах штатов стали организовываться специальные агентства, которые должны были заниматься исключительно индейскими делами, впоследствии образовавшие Бюро по делам индейцев. Но случилось неожиданное: племя чероки подало в Верховный суд иск против штата Джорджия, заявляя, что, согласно своему суверенному статусу, оно не обязано подчиняться решениям правительства США либо штата, где проживают чероки, и что их переселение противоречит условиям договоров, по которым их территории навсегда сохранятся за ними. Верховый судья Джон Маршалл, вынесший решения по многим искам индейцев и сыгравший тем самым важную роль в определении направления американской этнокультурной политики, заключил, что индейские племена хотя и являются отдельными политическими сообществами, всё же находятся в положении зависимости от США в статусе подопечных. Тем не менее в результате последующих судебных разбирательств чероки выиграли дело, но правительство это проигнорировало. В 1838 году под надзором американских солдат всё племя было депортиро-

---

[1] *Стельмах В.Г., Тишков В.А., Чешко С.В.* Тропою слёз и надежд: книга о современных индейцах США и Канады. М., 1990. С. 83.

вано в Оклахому. За время его перехода в 1838–1839 годы, получившего название «Тропы слёз» (Trail of Tears), погибло не менее 1/4 племени[1]...

В результате образования новых резерваций коренные американцы нередко насильственно переселялись на абсолютно новые территории, ранее не принадлежавшие им. Так, например, в 1825 году президент Дж. Монро объявил в Сенате о своём плане переселения индейцев, проживающих к востоку от реки Миссисипи, в резервации к западу от неё, но, по некоторым сведениям, эта идея начала претворяться в жизнь ещё раньше. Согласно плану Дж. Монро, Оклахома и значительная часть Канзаса должна была образовать так называемую «индейскую территорию» («Indian Territory»). К концу XIX века на индейской территории проживало около 40 официально признанных племён. В 1907 году всю эту территорию объединили в отдельный штат – Оклахому.

Земельный вопрос ещё более обострился после того, как в 1848–1849 годах в Калифорнии было найдено золото. Началась «золотая лихорадка», и многотысячный людской поток устремился на Запад, что привело к целой серии конфликтов между старателями и индейцами. Естественно, требовались решительные меры по их урегулированию, и после Гражданской войны в США 1861–1865 годов. У. Грант ввёл так называемую «мирную политику», которая действовала с 1869 по 1874 годы. Одним из её этапов была замена контролирующих резервации гражданских уполномоченных и военных офицеров на представителей церкви (общин типа квакеров), чтобы со временем полностью «цивилизовать» коренных американцев. Актом 1871 года Конгресс закрепил за индейскими племенами статус подопечных американскому правительству наций, что хотя и ограничивало их в правах, но не лишало прав полностью и не отменяло действия заключённых договоров. И всё же переселению в резервации противостоять уже было невозможно. Зато теперь легче было влиять на традиционный уклад жизни коренных американцев. Ещё Т. Джефферсон активно выступал за приобщение индейцев к сельскому хозяйству; У. Грант был продолжателем его идей. Но многие племена издавна существовали за счёт охоты и рыбной ловли. Лишившись этой возможности, часть из них практически

---

[1] *Bordewich F.M.* Killing the White Man's Indian: Reinventing Native Americans at the End of the Twentieth Century. NY: Anchor Books, 1997. P. 45–47.

41

голодала: хотя их и обучали основам земледелия, далеко не все резервации были пригодны для него из-за бедности почвы и неблагоприятных природных условий. К тому же правительство стремилось селить в резервациях разноязычные либо враждовавшие между собой племена, что неизбежно приводило к постепенному смешению их культур.

Проблемы, связанные с резервациями, этим не ограничились. Насильственное переселение, низкий уровень жизни, недовольство новой политикой спровоцировали целый ряд кровопролитных войн между коренными американцами и США. Один из таких крупных конфликтов связан со священным местом индейцев в Южной Дакоте – горами Блэк Хиллс. В 1874 году там также было найдено золото, и даже договоры, защищавшие эти земли, не смогли противостоять натиску золотоискателей. В 1876 году под предводительством прославленного индейского вождя Сидящего Быка племена сиу, арапахо и шайеннов начали войну за свои территории, нанеся поражение американским войскам в битве при Литл-Бигхорн. Однако и по сей день индейцам приходится судиться за право владения этой территорией...

«Мирная политика» У. Гранта, по мнению его же последователей, не принесла желаемых результатов, и с 1877 года президент Р. Хейс стал менять её курс. Уже к 1882 году все религиозные организации передали власть в резервациях государству.

Поскольку в резервациях земля находилась в общественном пользовании всех членов племени, это мешало США проводить в жизнь политику ассимиляции. Чтобы ассимилировать аборигенное население в американское общество, необходимо было максимально их сблизить. Подобные идеи поддерживали и те, кто называл себя «Друзьями индейцев» (Friends of the Indian). Это движение, набравшее силу в США в 1879–1885 годах, видело свою миссию в «выведении индейцев из ночи варварства к прекрасному рассвету христианской цивилизации»[1]. Его сторонники были уверены в том, что индейцы тоже были сотворены по образу и подобию Божьему, но племенная жизнь и резервации мешали их развитию, поэтому для поднятия их на уровень европейцев требовалось привнести изменения. В землепользовании

---

[1] *Bordewich F.M.* Killing the White Man's Indian: Reinventing Native Americans at the End of the Twentieth Century. NY: Anchor Books, 1997. P. 115.

это означало частную собственность, и следующим важным законопроектом, оказавшим серьёзное влияние на жизнь аборигенного населения, стал Акт Дауэса (Dawes Act), или Акт о всеобщем распределении земли (General Allotment Act) от 8 февраля 1887 года. Этот закон положил конец племенной земельной собственности и учредил политику выдачи небольших участков земли от 40 до 160 акров отдельным индейцам без права продажи в течение 25 лет. Для каждой резервации были приняты отдельные акты. Участки были зачастую окружены землями других американцев, что вынуждало индейцев «входить в социальный контакт с некоренным населением, и особенно с правительством», которое им помогало «помогать себе»[1] (например, выделяя специальных агентов, которые консультировали по вопросам ведения хозяйства). Оставшаяся после перераспределения земля отдавалась поселенцам, за счёт чего «племена утеряли 20% своей территории за два года. К 1933 году они утратили 90 миллионов из 138 миллионов акров, которые у них были на момент выхода Акта»[2]. После смерти владельца земля передавалась по наследству, а так как в индейских семьях обычно было несколько детей, то наследникам доставалась лишь небольшая их доля.

Однако главной проблемой было не наследование участка земли, а насаждение совершенно новой, чуждой индейскому населению системы землепользования. Как уже упоминалось выше, далеко не все племена были земледельческими, но под руководством и с помощью американцев они могли бы освоить новое занятие, если бы многие участки не оказались для него практически непригодными — слишком засушливыми, с невозможностью ирригации, с труднообрабатываемой и неплодородной почвой... Неудивительно, что индейцы просто не знали, что с этим делать: и работать невозможно, и продать нельзя — другими словами, ни урожая — ни денег. К тому же люди оказались оторванными друг от друга, и это был слишком сильный удар по коллективным сообществам и всей их традиционной культуре. Акт Дауэса лишил коренных американцев возможности взаимной поддержки со всеми вытекающими отсюда последствиями. Куль-

---

[1] *Chamberlin J.E.* The Harrowing of Eden. White Attitudes toward Native Americans. NY: The Seabury Press, 1975. P. 47.
[2] *Barron M.L.* (Ed.) American Minorities. NY: Alfred A. Knopf, 1957. P. 148–149.

турное наследие индейцев медленно отбиралось, но процесс перемен был им неподвластен. Более того, акт 1871 года был фактически направлен на уничтожение племени как института: племенное самоуправление отменялось, и индейцы переходили под опеку правительства. Всё же отдельным племенам удалось избежать участи разделения, так как сохранились группы, к которым этот акт так и не был применён (в частности, к таким группам относятся индейцы пуэбло в Нью-Мексико).

В 1928 году независимый Институт правительственных исследований выпустил отчёт «Проблема индейского администрирования», получивший название «Доклад Мериама» (Merriam Report) — по имени директора института Льюиса Мериама. В докладе изучалось положение коренных американцев и политика государства по отношению к ним, «была ярко показана несостоятельность ассимиляции»[1], содержались рекомендации по внедрению «более эффективного управления традиционными индейскими программами в области образования, здравоохранения и экономического развития»[2]. Доклад Мериама сделал своё дело и подтолкнул правительство к пересмотру «индейского вопроса». В результате учреждённая Актом Дауэса политика индивидуальных участков прекратила своё существование, когда новый уполномоченный по делам индейцев Джон Кольер предложил Билль Вилера-Ховарда, принятый практически без изменений 18 июня 1934 года как Индейский реорганизационный акт (Indian Reorganization Act). Он стал в общем «новом курсе» Ф.Д. Рузвельта «индейским новым курсом», избранным для выведения страны из депрессии. Этот закон был «проявлением демократии»[3] в отношении автохтонного населения и распространялся только на те племена, которые за него проголосовали. Акт приостановил захват индейских земель, позволив племенам организовывать собственные племенные правительства, но по американской модели — с Конституциями и избираемыми Советами, принимать свои уставы, участвовать в управлении своими фондами и ресурсами. Индейцы также получили право на сохранение сво-

---

[1] *Barron M.L.* (Ed.) American Minorities. NY: Alfred A. Knopf, 1957. P. 149.

[2] *Prucha F.P.* American Indian Treaties: The History of a political anomaly. Berkeley etc.: University of California Press, 1997. P. 69.

[3] *Bordewich F.M.* Killing the White Man's Indian: Reinventing Native Americans at the End of the Twentieth Century. NY: Anchor Books, 1997. P. 72.

их обычаев и обрядов. Это была попытка «дать племенам ограниченное самоуправление»[1]. Индейским реорганизационным актом был установлен юридический статус индейцев: ими считались лица аборигенного происхождения, принадлежащие к какому-либо из официально зарегистрированных индейских племён, и их потомки, живущие в пределах резервации[2]. С целью рассмотрения претензий племён и главным образом вопросов, касающихся утраченных земель, в 1946 году специальным актом были созданы Комиссия по искам индейцев и Индейский кассационный суд. Хотя земли и не возвращались в собственность, но за них выплачивались денежные компенсации.

По данным переписи населения за 2000 год, 34% коренных американцев проживает в резервациях – землях с особым статусом. Первая резервация появилась ещё раньше, чем сами США, – в 1638 году на территории штата Коннектикут для племени квиннипак, но официально политика создания резерваций стала проводиться с 1786 года. Правительству требовалось не только предоставить индейцам территории для проживания и занятия земледелием, но и постараться избежать территориальных конфликтов и споров о границах этих земель, а также изыскать более удобный способ осуществления контроля за автохтонным населением. Большинство резерваций появилось в договорный период американо-индейской политики, проводимой с 1777 по 1871 годы, когда «часто убеждали либо принуждали племена уступить большую часть своих исконных территорий, оставляя за ними гораздо меньшую часть»[3], но со временем наметились и другие пути их создания. Так, в отчёте уполномоченного по делам индейцев за 1890 год перечисляются различные способы учреждения резерваций и приводятся следующие цифры: «по приказу президента – 56; по приказу президента при участии Конгресса – 6; актом Конгресса – 28; по договорам с определением или расширением границ приказом президента – 15; по договорам или соглашениям и актам

[1] *Знаменский А.А.* Самоопределение для коренных американцев: как решают эту проблему в США. // США: Экономика. Политика. Идеология. М., 1993, № 3. С. 42–50. С. 43.

[2] Indian Reorganization Act, June 18, 1934 (Wheeler-Howard Act)

[3] *Grounds R.A., Tinker G.E., Wilkins D.E.* (Ed.) Native Voices: American Indian Identity and Resistance. Lawrence, Kansas: University Press of Kansas, 2003. P. 81.

Конгресса – 5; по нератифицированным договорам – 1; по договорам или соглашениям – 51»[1].

Резервации, основанные приказом президента без соответствующего акта Конгресса (до выхода Акта Дауэса в 1887 году), не считались постоянными, что впоследствии изменилось. С момента выхода Индейского реорганизационного акта в 1934 году властью учреждать, расширять и восстанавливать индейские резервации был также наделён министр внутренних дел[2].

Резервации подчинялись племенному правительству (обычно Совету племени) и фактически являлись «государством в государстве», в большинстве случаев с Конституцией племени, своими законами, судами, полицией, колледжами, прессой...

В настоящий момент на территории США в 32 штатах размещается 278 федерально признанных индейских резерваций и около 25 штатных, т.е. созданных постановлениями отдельных штатов (см. Приложение 3), в то время как в 1908 году их насчитывалось только 161. Одно племя может иметь несколько резерваций, другое же может их не иметь вовсе. Ряд резерваций по размерам превышает даже некоторые штаты. Самая большая из них – резервация навахо (17 млн. акров, что соответствует ~ 7 млн. га) – расположена на территории современных штатов Аризона, Нью-Мексико и Юта.

Несмотря на «культурный шок», пережитый коренными американцами в связи с их перемещением в резервации, общинное проживание помогает им не только поддерживать друг друга, но и сохранять свои традиции, культуру, делиться опытом, передавая всё это последующим поколениям.

И всё же в настоящее время большинство индейцев – 64% – проживает в городах. В первую очередь для них, а также для представителей всех других этнических меньшинств продолжает действовать целый комплекс законов, обычно объединяемых под названием «позитивные действия» (или «положительные меры» – «affirmative action»). Это политическая программа, направленная на ликвидацию расовой дискриминации в сфере занятости и образования. К подобным мерам относятся как Поп-

---

[1] Indian Reservation History. (http://www.accessgenealogy.com/native/tribes/reservations/rezhistory.htm)

[2] *Grounds, R.A., Tinker, G.E., Wilkins, D.E.* (Ed.) Native Voices: American Indian Identity and Resistance. Lawrence, Kansas: University Press of Kansas, 2003. P. 81.

равки к Конституции (XIII, XIV, XV), так и, главным образом, законодательные акты и постановления правительства (Акт о гражданских правах от 1964 года, Акт об избирательном праве от 1965 года и др.). Ещё в 1941 году президентом Ф.Д. Рузвельтом был подписан Исполнительный приказ № 8802, запретивший сегрегацию при приёме на работу на оборонные предприятия страны. В 1953 году президент Г.С. Трумэн также подчеркнул важность недискриминации, а в марте 1961 года президент Дж. Ф. Кеннеди учредил Комитет по равным возможностям в сфере занятости, что фактически явилось началом периода «позитивных действий» в американской политике, хотя саму фразу «позитивные действия» связывают с именем президента Л. Джонсона, который употребил её в 1965 году в Исполнительном приказе № 11246. Этого курса так или иначе придерживались и все последующие президенты — или просто выказывая свою поддержку, или издавая новые законы, такие, например, как Изменённый закон № 4 Р. Никсона от декабря 1971 года. Помимо федеральных, во многих штатах существуют дополнительные законы, призванные бороться с дискриминацией. Безусловно, это положительным образом сказалось как на самосознании коренного населения США, так и на этнокультурной политике государства в отношении него.

Анализируя развитие американо-индейских отношений, автор предпринял попытку выделить несколько основных этапов в их развитии (о последних двух этапах см. Главу II):

1) *период активной колонизации и христианизации индейцев* (конец XV века – 1778 г.). Условно этот период заканчивается с образованием Соединённых Штатов Америки и повсеместным распространением христианства на континенте;

2) *договорный период* (1778–1887 гг.). К этому же периоду относятся: многочисленные индейские войны, Акт о переселении индейцев (1830 г.) и начало создания резерваций, период «золотой лихорадки» (1848–1880 гг.), «мирная политика» У. Гранта (1869–1874 гг.);

3) *период перераспределения земель* (1887–1934 гг.). К нему относятся: Акт Дауэса (1887 г.), агрессивная образовательная политика и период существования школ-интернатов (1870–1928 гг.)[1];

---

[1] См. § 3.

4) период «индейского нового курса» Дж. Кольера (1934–1953 гг.). Этот период начинается с выхода Индейского реорганизационного акта (1934 г.);

5) период релокации и терминации (1953–1960 гг.);

6) период политической активности коренных американцев и начала «индейского возрождения» (1960–1975 гг.), возникновения индейских организаций и проведения акций протеста;

7) период развития самоуправления и суверенитета индейских племён (1975 г. – настоящее время), начавшийся с выхода Акта о самоопределении индейцев.

Таким образом, уже к середине XX века была заложена законодательная база для новой стадии американо-индейских отношений – периода равноправия, и, несмотря на множество ещё не разрешённых к тому времени проблем, всё активнее стали предприниматься шаги, способствующие улучшению положения коренного населения США.

§ 3. Этнокультурные аспекты в вопросах индейского образования и здравоохранения

Воспитание и образование детей и молодёжи всегда играли важную роль в жизни коренных американцев. Родители, родственники и все члены племени постоянно занимались обучением подрастающего поколения, которому бережно передавались веками накопленные предками знания, умения и навыки, необходимые не только для каждого отдельно взятого индивида, но и для выживания и дальнейшего развития сообщества в целом. Эти знания были многогранны и касались всех сторон существования человека на земле. Дети обучались родному языку, усваивали уроки трудового воспитания, приобретали навыки строительства жилищ, постигали секреты традиционных ремёсел, военного искусства, целительства, приобщались к охоте, состязались в ловкости и выносливости, участвовали в церемониях и обрядах своего племени, получая от старших духовные наставления, учась жить в гармонии с людьми и окружающей их природой. Ни о каких-либо специальных школах до прихода европейцев индейцы не слышали. Их школой была сама жизнь с её нехитрым укладом и вековыми традициями, из чего, собственно, и складывалась культура того или иного племени.

Образование

Образование — это необходимое условие подготовки человека к жизни и труду, поэтому, прослеживая процессы аккультурации коренного населения США, необходимо остановиться на этих вопросах, тесно связанных с современным положением культуры любого этноса, поподробнее.

Ещё на заре эпохи освоения европейцами Северной Америки на континенте с появлением миссионеров, которые направлялись в индейские общины с «цивилизующей» ролью, начал закладываться фундамент будущих школ, которые в свою очередь должны были стать мощным инструментом ассимиляции аборигенов в евроамериканское общество. Миссионеры в первую очередь знакомили коренных американцев с учением христианской веры, а также с реалиями европейской жизни и иногда обучали их писать и читать по-английски. Некоторые из них шли дальше и разрабатывали систему письменности для отдельных индейских языков (для части аборигенных языков письменность позже ввели антропологи). Некоторые миссионеры, в частности, иезуиты, в некоторых областях Северной Америки продолжают свою образовательную деятельность и сегодня. В этом, несомненно, прослеживается положительная роль взаимодействия американцев с индейскими культурами. Но в целом подобное образование было полностью оторвано от жизненно важных потребностей самого коренного населения.

«Примером этого может служить договор, подписанный в Ланкастере, в Пенсильвании, в 1744 году между правительством Виргинии и Шестью Нациями. ... посланники Виргинии обратились к индейцам с речью и сказали, что в Вильямсбергском колледже имеются средства для обучения индейской молодёжи, и что если вожди Шести Наций пошлют полдюжины своих сыновей в этот колледж, то правительство позаботится о том, чтобы они были хорошо обеспечены и обучены всем наукам белых людей. ...[Индейский] оратор начал с того, что выразил глубокое чувство благодарности правительству Виргинии за это предложение. «Потому что мы знаем, – сказал он, – что вы высоко цените науки, которым обучают в колледже, и что содержание наших молодых людей будет очень дорого для вас, поэтому мы убеждены, что этим предложением вы хотите сделать нам доброе дело; и мы сердечно вас благодарим. Но вы мудры и должны знать, что разные нации по-разному мыслят, и поэтому вы не должны обижаться, если наши представления о такого рода обучении не совпадут с вашими. У нас есть в этом некоторый опыт, несколько наших юношей недавно получили образование в колледжах северных провинций, они были обучены всем вашим наукам; но когда они возвратились к нам, то оказалось, что они плохие бегуны, не знают, как жить в лесах, неспособны переносить холод и голод, не умеют строить хижины, охотиться на оленей, убивать врагов, хорошо говорить на нашем языке, и поэтому они неспособны быть ни охотниками, ни воинами, ни членами совета; они вообще ни на что не годны. ... мы, если жители Виргинии направят нам дюжину своих сыновей, позаботимся как можно лучше об их воспитании, обучим их всему, что мы знаем, и сделаем из них настоящих мужчин»[1].

---

[1] *Франклин Б.* Заметки относительно дикарей Северной Америки. (http://www.first-americans.spb.ru/n2/win/franklin.htm)

Однако специальные средства на образование индейцев (а зачастую под ним подразумевалось «воспитание») американское правительство стало выделять лишь с начала XIX века, но деньги продолжали направляться в основном в миссии. Образование коренного населения стало частью этно-культурной политики государства и должно было служить как религиозным, так и политико-экономическим целям американцев, в частности, проводимой ими земельной реформе, ведь, по их разумению, «дикому индейцу требуется тысяча акров земли для свободного передвижения, в то время как образованному человеку для приличного содержания семьи будет достаточно всего лишь маленького участка... Варварство дорогостояще, расточительно и неумеренно. Интеллект стимулирует бережливость и увеличивает процветание»[1].

Сначала в резервациях стали появляться дневные школы, которыми управляли миссионеры. Посещаемость таких миссионерских школ была обязательной для всех детей в возрасте от 6 до 16 лет. В них запрещалось придерживаться традиций своего племени и говорить на любом другом языке, кроме английского. Однако с точки зрения ассимиляции подобная схема обучения не была удачной, так как дети находились рядом с домом, где продолжали общаться на родном языке и придерживаться своей культуры.

Тогда на базе резерваций было решено учредить школы-пансионы, в которых дети проживали бы постоянно и могли отлучаться домой только на Рождество и летние каникулы. Но и это не помогло приобщить детей к американским ценностям и культуре, так как родители часто их навещали, тем самым не позволяя оторваться от жизни племени.

Правительству США пришлось прибегнуть к третьему варианту — вывести школы-интернаты за пределы резерваций. Эта идея зародилась, когда капитан Ричард Генри Пратт в 1875 году организовал небольшую школу для 72 заключённых апачей в Форте Марион, где обучал их английскому языку и проповедовал христианство. Впоследствии он решил продолжить свой опыт и 1 ноября 1878 года открыл Индейскую школу в городе Карлайл в Пенсильвании, которая со временем стала одной из главных

---

[1] *Adams D.W.* Education for Extinction – American Indians and the Boarding School Experience 1875-1928. Lawrence, Kansas: University Press of Kansas, 1995. P. 20.

индейских школ-интернатов. Целью Р. Пратта было «убить индейца и [тем самым] спасти [в нём] человека»[1], другими словами, – полностью ассимилировать аборигенное население в американское общество, погрузив его в англоязычную среду и культуру. В школе Карлайл частью воспитательной программы являлось обязательное проживание индейских детей в течение нескольких месяцев в американских семьях, где они должны были ощутить все преимущества жизни в цивилизованном европейском стиле по христианским канонам. Подобные школы были для американцев выгодны, поскольку они открывали перед ними новые рабочие места, а также могли предоставить дешёвую рабочую силу в лице учеников.

Правила в школах-интернатах были очень жёсткими. Ученикам коротко остригали волосы, переодевали их из традиционной одежды в школьную форму и даже заменяли их индейские имена на английские. В школах были запрещены любые проявления культур и религий учащихся. Условия проживания оставляли желать лучшего, а в сочетании с тяжёлым трудом, который был непременным условием пребывания в школе, накладывали серьёзный отпечаток на их здоровье. К тому же коренные американцы оказывались на долгое время оторванными от своих семей, что также негативно сказывалось на детской психике. Многие родители не хотели отдавать своих чад в школы-интернаты, и тогда власти забирали их силой. На некоторых детей это оказывало такое сильное впечатление, что они заболевали или сбегали.

«Старейшинам племени, которые были свидетелями катастрофических изменений девятнадцатого века – кровавых войн, практически полного исчезновения бизонов, болезней и голода, сокращения территории племени, унижений жизни в резервациях, вторжения миссионеров и белых поселенцев – казалось, что не будет конца жестокостям, творимым белыми. И после всего этого – школы. После всего этого белый человек заключил, что единственный путь спасти индейцев – это уничтожить их, что последняя великая индейская война должна вестись против детей. Теперь они пришли за детьми»[2].

---

[1] *Keohane S.* The Reservation Boarding School System in the United States, 1870–1928.

[2] *Adams D.W.* Education for Extinction – American Indians and the Boarding School Experience 1875–1928. Lawrence, Kansas: University Press of Kansas, 1995. P. 337.

По плану Бюро по делам индейцев, удачная ассимиляция школьников-аборигенов была призвана снять с повестки дня «индейскую проблему», так как «больше не было бы людей, называемых индейцами»[1]. После окончания школы выпускники должны были «нести цивилизацию» (в том числе и английский язык) в своё племя, т.е. ассимилироваться сами и помочь в этом своей общине. Однако это происходило крайне редко. Даже те ученики, которые внешне покорялись, часто тайно общались между собой на родном языке и поддерживали свою культуру. Практически никто из выпускников не становился таким, каким его ожидали увидеть воспитатели: люди либо возвращались к своим корням полностью, либо соединяли в себе обе культуры. Несмотря на то что в начале XX века новые педагогические теории призывали к более мягким мерам воспитания, к постепенной трансформации индейских детей с учётом национальных особенностей, школы-интернаты не принесли желаемых результатов. Доклад Мериама в 1928 году раскритиковал образовательную политику США в отношении коренного населения, и система школ-интернатов официально прекратила своё существование, оставив неизгладимый след в памяти индейцев и нанеся психические травмы целым поколениям: значительная часть выпускников, оказавшись «между двумя мирами» − индейским и евроамериканским − так и не смогла найти своё место в жизни. «Дети возвращались из школ разочарованными неудачниками, неспособными снова адаптироваться к жизни в резервации и также неспособными обосноваться в белом обществе»[2]. В конечном счёте они оказывались чужими среди своих и не становились своими среди чужих. Для многих это стало настоящей трагедией.

Сегодня в сфере образования ситуация складывается более оптимистично. Так, образовательные учреждения в резервациях уже контролируются самими племенами и всячески поддерживаются государством: выдаются гранты уже существующим колледжам, оказывается помощь в основании новых. В наши дни коренные американцы стараются сами занимать активную позицию в вопросах своего образования. Ещё в 1972 году для всесто-

---

[1] *Prucha F.P.* American Indian Treaties: The History of a political anomaly. Berkeley etc.: University of California Press, 1997. P. 24.
[2] *Barron, M.L.* (Ed.) American Minorities. NY: Alfred A. Knopf, 1957. P. 153.

ронней поддержки индейских учебных заведений президенты первых шести племенных колледжей в стране учредили Консорциум высшего образования американских индейцев (AIHEC). Сегодня в его ведении уже находится 34 колледжа в США и один – в Канаде. Консорциум преследует четыре основных цели: поддерживать общепринятые стандарты качества в образовании американских индейцев; содействовать развитию новых колледжей, контролируемых племенами; способствовать развитию законодательной базы для поддержки высшего образования американских индейцев; стимулировать активную вовлечённость американских индейцев в политику развития высшего образования[1]. В большинстве резерваций есть свои колледжи, где молодёжь знакомят с культурой и традициями племени и преподают родной язык. Сегодня в их программах представлено около 20 индейских языков. В общую школьную программу таких колледжей были включены и предметы, связанные с историей, языками, культурами, традициями, искусством индейцев, что сыграло важную роль в их культурном возрождении. В наши дни действуют федеральные программы при Бюро по делам индейцев, нацеленные на повышение образовательного уровня аборигенного населения и применение в обучении индивидуального подхода – в зависимости от племенной принадлежности, способностей и развития каждого индивида. Конгресс ставит своей целью предоставить индейцам полноценное образование, которое позволило бы им в дальнейшем освоить выбранные специальности и продолжить профессиональный рост. Вся система образования коренного населения находится под особой юрисдикцией государства, что связано не только с доктриной опеки, но и с осознанием американским правительством важности таких программ. По сведениям Бюро переписи населения за 2000 год, школьное образование имеет 70,9% коренного населения, а степени бакалавра и выше – 15,4%. Но ещё очень многое предстоит сделать, ведь 16,1% детей пока так и не оканчивает школы...[2] Однако сами индейцы тоже проявляют активность в разрешении этой проблемы. Например, в целях обеспечения племенных колледжей необходимыми ресурсами и содействия индейским уча-

---

[1] The American Indian Higher Education Consortium (AIHEC). (http://www.aihec.org/).
[2] US Census Bureau.

щимся в обучении, начиная со школы и заканчивая аспирантурой, а также признания достижений коренных американцев в различных отраслях науки в 1994 году был создан Научно-технологический образовательный консорциум американских индейцев (AISTEC), а в 1997 году в одной из частей резервации навахо, находящейся в штате Юта, начала действовать новая школа. Это случилось лишь после того, как Министерство юстиции подало иск на Департамент школьного образования этого штата. Причиной послужило отсутствие в том районе средней школы, в результате чего детям приходилось ездить на учёбу очень далеко. Иск был удовлетворён, что лишний раз напомнило всем о равных правах индейцев, в том числе и о праве на бесплатное среднее образование[1].

Тем не менее, к сожалению, политика подавления этнических культур, проводимая государством до середины XX века, сыграла пагубную роль. Многие родители понимали, что если они хотят, чтобы их дети чего-то добились в американском обществе, они должны учить английский. В результате сегодня на родном языке говорит лишь 9% от всех ныне живущих северо-американских индейцев[2].

Несмотря на политику подавления аборигенных языков и культур, сами США иногда прибегали к их помощи. К примеру, некоторые из языков – апачей, чероки, чокто и команчей – использовались американскими военными для передачи секретных сообщений. Во время Второй мировой войны потребовался новый язык для кодировки. Выход нашёл ветеран Первой мировой войны Филипп Джонстон, который, хотя и был американцем, прекрасно говорил на языке навахо. Свой выбор он объяснял тем, что это очень сложный язык, не имевший на тот момент письменности. Верховное командование одобрило выбор, и в мае 1942 года первые 29 индейцев-навахо разработали код навахо с особым словарём военных терминов, которые необходимо было запоминать в процессе обучения. Опытные в деле расшифровки японцы так и не смогли «взломать» этот код. Среди 540 индейцев племени навахо, служивших в морском флоте во время Второй мировой войны, от 375 до 420 были шифровальщиками (Navajo Code Talkers). 17 сентября 1992 года в Пентагоне (г. Вашингтон)

---

[1] American Indians. (http://www.usdoj.gov/kidspage/crt/indian.htm)
[2] US Census Bureau.

ветераны-шифровальщики навахо были удостоены почётных наград (раньше этого сделать было нельзя из-за секретности операции). Одновременно была открыта выставка, посвящённая их работе в тот важнейший для всего человечества период и самому коду, а в Парке ветеранов, находящемся в резервации навахо, им установлен памятник.

Индейцы принимали активное участие во всех войнах, которые вели США, в том числе и в Гражданской. И хотя коренное население не подлежало воинскому призыву, многие шли в армию добровольно, нередко проявляя истинный героизм, столь присущий индейцам в защите не только родного племени, но и своего государства в целом (например, К. Тинкер стал героем Первой мировой войны, а во Вторую — командовал ВВС США на Гавайях[1]). Во Второй мировой войне участвовало 25 тыс. индейцев[2]. Так как американская армия является и сегодня добровольческой и существует на контрактной основе, некоторые индейцы вступают в её ряды с целью поддержания своих семей и избежания безработицы.

Индейский учёный, общественный деятель, историк, писатель и юрист Вайн Делория-мл. уверен, что для наиболее продуктивного взаимодействия индейцев с евроамериканской цивилизацией, а также с целью оказания помощи племенам необходимо, чтобы коренные американцы получали достойное образование. Сокрушаясь по поводу упадка культуры США, он считает, что молодые индейцы до знакомства с философией доминирующей евроамериканской культуры должны тесно соприкоснуться с традиционными учениями своих племён, что поможет им сделать осознанный выбор. Он указывает на примеры блестящего уровня образованности среди «Пяти цивилизованных племён» — криков, чероки, семинолов, чокто и чикасо, — достигнутого ещё в XIX веке благодаря глубокой мотивации учащихся и жестким требованиям ко всей системе внутриплеменных колледжей. Несомненно, и сегодня коренные американцы обучаются в школах и университетах по всей стране, но далеко не все их оканчивают. Вайн Делория-мл. упрекает государство в том, что оно беспокоится, поступили индейцы в учебное заведение или нет, вместо того что-

---

[1] *Juettner B.* 100 Native Americans Who Shaped American History. San Mateo, CA: Bluewood Books, 2003. P. 65.

[2] The American Indian Heritage Book of Indians. NY, 1961. P. 409.

бы волноваться о том, действительно ли они получают там необходимые знания и в состоянии ли они пройти весь этап обучения. А индейцы в свою очередь часто не задаются важными вопросами, которые должны были бы определять их поведение:

«Почему мы отправляем людей в колледж, если мы не способны поощрять их в оказании помощи в укреплении племени, ресурсов резервации и сообщества? Не позволяем ли мы нашим лучшим ресурсам — образованным людям — просто утекать? Не тратим ли мы впустую деньги и жизни при действующей системе, в которой нет ответственности и суверенитет становится пустым лозунгом? Укрепляем ли мы народы или разрушаем сообщества?»[1].

Наряду с развитием образования индейцев государство осознало и необходимость предоставления американским студентам разносторонних знаний об аборигенах. В 1972 году был принят закон об изучении исторического наследия страны, и уже спустя 10 лет в учебных заведениях Соединённых Штатов действовало более 250 специальных курсов по изучению истории и культуры этнических меньшинств, в том числе и американских индейцев. Стали разрабатываться отдельные курсы по изучению коренных американцев, включающие в себя все аспекты их жизни — от устных традиций и церемоний до современной индейской политики США, от истории индейцев до их достижений в американском обществе. Цель таких курсов, как считает автор одного из них проф. Дж. Б. Райан, — не только более тесное знакомство с аборигенами, но и помощь в понимании многого в самих себе. «Перед тем, как прийти к миру с коренными американцами, сначала надо понять их с их индивидуальностью, особыми культурами и традициями»[2]. Появление нового предмета в университетских программах — индеанистики (American Indian Studies) — спровоцировало возникновение интереса к изучению жизни индейских общин. Но, к сожалению, не все коренные американцы довольны этим, особенно когда дело касается информации, которую не принято раскрывать непосвящённым, из-за чего учёные иногда сталкиваются с нежеланием со стороны аборигенов сотрудничать. Сами индейцы объ-

---

[1] *Deloria V., Jr.* Excerpted from Custer Died for Your Sins: An Indian Manifesto. NY, Macmillan, 1969. P. 1–27. (http://nativenewsonline.org/natnews.htm)

[2] *Ryan J.B.* Listening to Native Americans // Listening: Journal of Religion and Culture, Vol. 31, № 1 Winter 1996. P. 24–36. (http://www.op.org/DomCentral/library/native.htm)

яснют такое поведение тем, что их уже «заизучали до смерти», но какой-либо пользы им это, как правило, не приносит[1]. И всё же не стоит забывать, что «эра курсов по индеанистике стремится ввести индейцев в системы образования как лидеров, разработчиков учебных планов, профессоров, исследователей и писателей. Она задумывалась не только для взращивания интеллектуалов внутри племён, но и как система для изучения коренных сообществ изнутри, изучения языка, культуры, исторических и юридических взаимоотношений с Соединёнными Штатами как наций внутри нации. Она задумывалась для племенных общин Америки, и основной целью являлась защита земель, ресурсов и суверенной автономии статуса нации»[2].

Таким образом, можно сделать вывод, что в сфере образования попытки насильственной ассимиляции и аккультурации не принесли ожидаемых результатов, причинив индейцам больше вреда, чем пользы. И всё же даже в тот период евроамериканской цивилизацией были привнесены некоторые положительные моменты, такие, как развитие письменности у различных племён, а на современном этапе — с целью возрождения в стране этнокультур и пробуждения к ним интереса создаются специальные программы для аборигенных учащихся, и в общую программу обучения в вузах США активно внедряется новый предмет — индеанистика. В отличие от ещё недавнего прошлого, сегодня индейцы имеют право самостоятельно решать, какое образование давать своим детям, учитывая их этнические и культурные особенности.

Здравоохранение

Физическому воспитанию в племенах уделялось огромное внимание и, как уже отмечалось выше, от силы и выносливости каждого члена зависела судьба всего сообщества. Целительство у коренных американцев, как, впрочем, и у других народов мира, играло важную роль. Личная гигиена, профилактика и лечение простых недугов были известны им с детства, но в серьёзных случаях за медицинской помощью соплеменники обращались к шаманам и целителям, т.к. высшие секреты врачевания были до-

---

[1] Из личной переписки автора с коренными американцами.
[2] *Cook-Lynn E.* Anti-Indianism in Modern America: A Voice from Tatekeya's Earth. Urbana and Chicago: University of Illinois Press, 2001. P. 152–153.

ступны только им, и такие знания считались особым даром, который надо было заслужить. Способы борьбы с теми или иными известными аборигенам заболеваниями бережно хранились и передавались из поколения в поколение, и народная медицина, свойственная и соответствующая духу племени, его мировоззрению, стала неотъемлемой частью его культуры.

Уже несколько веков назад она была настолько хорошо развита, что достижениям индейской народной медицины изумляются и современные медики. Неудивительно, что и в XXI веке продолжают свои практики шаманы, к которым обращаются за помощью, порой предпочитая их услуги официальной медицине, также не отрицающей, что при лечении духовная составляющая зачастую может преобладать над физической, и если человек свято верит в то, что для его народа испокон веков считалось традиционным, то и сама вера способна его исцелить. Церемонии, проводимые с этой целью, упоминаются и описываются и в современной индейской литературе: они помогают героям не только обрести физическое здоровье, но и духовную гармонию, способствуя их возвращению к традициям и культуре своего племени.

В то же время США, согласно доктрине опеки, обязались в случае необходимости предоставлять автохтонному населению соответствующее лечение, что постепенно стало претворяться в жизнь.

В 1832 году с индейцами виннебаго был подписан первый договор, содержащий пункт о предоставлении бесплатной медицинской помощи, и к 1875 году уже при половине образованных американцами индейских агентств, выполнявших функции органов управления в индейских общинах, работали врачи. В конце 1880-х годов БДИ построило в Оклахоме первую государственную больницу для индейцев. В 1955 году забота о здоровье индейцев была снята с ведомства Министерства иностранных дел, которое с 1849 года вместе с БДИ занималось этим вопросом, и возложена на Службу общественного здравоохранения – СОЗ (Public Health Service, PHS). В 1958 году была образована Служба индейского здравоохранения – СИЗ (Indian Health Service, IHS). В целом оказываемые СИЗ медицинские услуги помогли улучшить состояние здоровья коренных жителей. Не случайно большинство из них и по сей день в случае каких-либо заболеваний обращается именно в эту службу.

И всё же «последняя великая ... война», которая, по образному выражению проф. В. Адамса, велась против индейских детей в школах-интернатах, к сожалению, оказалась вовсе не последней. Здравоохранение в эту войну тоже внесло «свою лепту». В первую очередь это касается некоторых медицинских программ, нанёсших по коренным американцам сокрушительнейший удар. В связи с этим следует отдельно выделить программу СИЗ по планированию семьи, которая стала осуществляться с 1965 года.

Количество детей в индейских семьях было традиционно велико, а финансовое положение в них − традиционно плачевно. В 1964 году в Вашингтоне даже была проведена специальная Национальная конференция по вопросу бедности среди американских индейцев, послужившая стимулом к активным действиям правительства в этой области. В свете идей «войны против бедности», развернувшейся в США в 1960-е годы, контроль за рождаемостью представлялся как чуть ли не самым эффективным способом повышения благосостояния индейских семей. Была введена стерилизация. По оценке специалистов, за период с 1970 по 1976 годы до 50% всех индейских женщин детородного возраста прошло эту унизительную процедуру[1]. Несмотря на то что в начале 1970-х годов по стране прокатилась мощная волна судебных разбирательств, благодаря которым вышел целый ряд постановлений, ограничивающих возможность проведения таких операций возрастными рамками и медицинскими показаниями, СИЗ прекратила подобную практику только к концу того же десятилетия. Несомненно, это пагубно отразилось на коренном населении − как физически, так и психологически. Для аборигенов семья − одна из главных жизненных ценностей, к тому же индейские семьи историчеки были многодетными, поэтому многие индеанки видят своё предназначение в продолжении рода и тем самым в возрождении своего племени. Для традиционных племенных сообществ материнство − главная цель женщин, лишившись которой они начинают ощущать себя ущербными и постепенно утрачивают смысл своего существования. Таким образом, эта программа явилась ещё и ударом по индейской культуре. И хотя согласие на стерилизацию давалось женщинами

---

[1] *Lawrence J.* The Indian Health Service and the Sterilization of Native American Women//The American Indian Quarterly, № 24.3 (2000). P. 400−419. P. 410.

юридически добровольно, но зачастую это были неосознанные решения, принятые по незнанию, из-за дезинформации или полного отсутствия информирования, под давлением, вследствие неправильного понимания составленных для этого документов и т.п., о чём свидетельствуют желание огромного количества прооперированных женщин иметь собственных детей и их глубокое раскаяние в совершённом.

После многих скандалов в 1976 году Конгресс выпустил Акт о преобразованиях в индейском здравоохранении, который позволил племенам контролировать программы СИЗ и даже организовывать свои внутриплеменные службы.

К сожалению, в отношении здоровья коренные американцы всё ещё значительно уступают другим группам населения. Среди типичных для индейцев болезней на первое место выходит алкоголизм, влекущий за собой и другие, не менее типичные для резерваций недуги. Служба индейского здравоохранения подчёркивает, что алкоголизм, так же, как и наркомания, – виновник многих проблем среди аборигенного населения: он во много раз увеличивает риск сердечно-сосудистых заболеваний, цирроза печени, пневмонии, рака, диабета, частых умственных и психических отклонений у новорожденных и др. Если к этому прибавить убийства, самоубийства, несчастные случаи и т.п., то картина получится и вовсе безрадостной. К концу XX века примерно 70% медицинских услуг, оказываемых СИЗ, было прямо или косвенно связано с последствиями алкоголизма. Несомненно, это одна из наиболее серьёзных проблем среди американских индейцев на сегодняшний день. Федеральное правительство старается им помочь, осуществляя различные программы по борьбе с алкоголизмом, но результат зависит от них самих. Специальные программы и центры по борьбе с этим недугом, естественно, существуют и при СИЗ, а Национальное управление индейского здравоохранения с 1972 года помогает племенам организовывать свои наркологические центры и юридически поддерживает их в стремлении добиться успехов в этой области.

Для выживания коренных американцев и их культур душевное здоровье ничуть не менее важно, чем физическое, а оно напрямую зависит от их культурных ценностей, таких, например, как возможность исповедовать свою религию и соблюдать традиции – право, в котором под угрозой наказания и лишения свободы им было отказано на долгие годы. Их духовных лидеров арестовывали, собравшихся на священные церемонии людей разгоняли, предметы культа изымали и уничтожали. Те же, кто оказывался вдали от своего племени, например, школьники или заключённые, – не имели права даже упоминать о своей принадлежности к индейской культуре. Принимая во внимание тот факт, что «с 80-х годов XIX века подавление правительством индейских языков было частью политики ассимиляции»[1], то на фоне попыток улучшить жизнь коренного населения, рассматриваемых с позиций евроамериканцев, общее положение индейских культур наводило на мысль, что не так уж и далёк тот день, когда идеал США – полная ассимиляция – будет достигнут, и с течением времени всё индейское действительно перестанет существовать точно так же, как исчезли с лица Земли бизоны, являвшиеся неотъемлемой частью жизни коренных жителей Великих равнин. С их исчезновением иссяк источник пищи (что негативно сказалось и на здоровье некоторых племён – например, омаха, у которых в связи с этим участились случаи заболевания сахарным диабетом), шкур для изготовления одежды, строительства жилищ (типи) и лодок, унеся с собой радость коллективной охоты, проводившейся не с целью уничтожения, а во имя удовлетворения минимальных потребностей всего племени. Был нарушен не только устоявшийся уклад жизни, но и угасли частицы индейской культуры – церемонии с использованием бизоньего черепа, пошив традиционных одежд из его шкуры и пр. Для всего этого евроамериканцам потребовалось не так уж много времени – с начала XIX века, главным образом – с 1871 года, когда началось стремительное истребление бизонов, по 1885 год, когда исчезло последнее большое стадо этих благородных животных.

Политика прошлых лет в отношении коренного населения, которая не всегда проводилась с учётом его культурных характеристик, породила целый ряд неразрешённых и по сей день проблем, с которыми Служба индейского здравоохранения и целевые федеральные медицинские программы не могут справиться слишком быстро.

Проанализировав различные этапы в развитии индейского здравоохранения, можно сделать ряд выводов. До появления на

---

[1] *Тэлбот С.* Американские обществоведы и «индейский новый курс»// Актуальные проблемы американистики. Горький, 1990. С. 103–121. С. 113.

континенте европейцев система здравоохранения как таковая отсутствовала, но существовала традиционная индейская медицина. С основанием США доктрина опеки постепенно распространилась и на заботу государства о здоровье автохтонного населения и получила развитие система индейского здравоохранения. Завезённые европейцами болезни, проводимые ими войны, а также некоторые действия государства в отношении коренных американцев (такие как стерилизация) нанесли непоправимый урон этим этническим группам — от полного исчезновения некоторых племён до неизгладимого морального ущерба. Сегодняшняя система здравоохранения США предоставляет индейцам возможность пользоваться услугами бесплатной и платной, традиционной и нетрадиционной медицины. Большая часть коренных американцев прибегает к услугам бесплатной медицины, особенно в резервациях, многие из которых располагают своими клиниками и больницами, финансируемыми государством. Городские же индейцы могут в зависимости от своего финансового положения и места работы (зачастую работодатель предоставляет социальный пакет, содержащий медицинскую страховку) пользоваться услугами как бесплатной, так и платной медицины. В XXI веке наряду с традиционными методами лечения различных заболеваний в Америке существуют нетрадиционные, представленные народной медициной, которая официально в США не запрещена. То, что сегодня принято называть нетрадиционной медициной, для индейцев всегда было как раз традиционной, поэтому многие из них предпочитают комбинированное лечение, выбирая в каждом конкретном случае наиболее подходящие или оптимальные для них способы исцеления. Существование специальных программ, огранизаций и институтов индейского здравоохранения свидетельствует о пристальном внимании государства к проблемам здоровья коренного населения в XXI веке.

Глава II

Социокультурное положение коренных американцев США на современном этапе

§ 4. Рост самосознания коренных американцев, их роль в изменении этнокультурной политики страны

К концу XX века положение аборигенов в США заметно изменилось. Помимо действий правительства, направленных на урегулирование отношений с коренным населением, в значительной степени почву для серьёзных преобразований в этнокультурной политике государства подготовили и сами индейцы, начав проявлять большую активность в отстаивании своих прав и свобод. 60-е годы прошлого столетия отмечены не только ростом их политической борьбы, но и началом культурного возрождения на фоне новых законопроектов, корректирующих курс американоиндейской политики в сторону взаимного сотрудничества.

Движение национальных меньшинств в этот период «приобрело такой размах и остроту, что его с правом можно назвать одним из наиболее мощных и влиятельных социально-политических движений Америки»[1]. Однако «индейцы указывают на особый характер своего движения, отличающегося по целям и задачам от движений за гражданские права американских негров и движений других национальных и расовых меньшинств, проживающих на территории США»[2]. Это объясняется как историческим положением аборигенного населения (т.е. его изначальным пребыванием на континенте), так и реакцией на проводимую государственную политику. Если в первой половине прошлого века роста массового индейского радикализма не наблюдалось, то впоследствии он проявился во всей своей мощи, достигнув пика в 1970-е годы. Зародившиеся в этот период организации и движения носили в основном националистический, а иногда даже воинствующий характер. На начальном этапе ос-

---

[1] *Евтух В.Б.* Историография национальных отношений в США и Канаде (60–70-е годы). Киев: «Наукова думка», 1982. С. 17.

[2] *Автономов А.С.* Некоторые аспекты правового статуса индейцев в США//Актуальные проблемы американистики. Горький, 1990. С. 220–227. С. 220.

новными направлениями деятельности движений являлись создание индейских организаций, а также поддержка и проведение ими акций протеста. Основной их целью было всестороннее укрепление положения коренного населения США, стремление разрешить стоящие перед ним проблемы, и, как следствие, – возрождение его ценностей и культур, обретение возможности поддерживать свои традиции, проводить обряды, без притеснений исповедовать свои религии, изучать родные языки.

Первой наиболее значимой индейской организацией в 1944 году стал Национальный конгресс американских индейцев – НКАИ (National Council of American Indians – NCAI) – единственная в то время и самая многочисленная межплеменная организация общенационального значения. Стимулом к её созданию послужил протест коренных американцев против политики терминации и ассимиляции. Лозунг Национального конгресса «Самоопределение, а не терминация» отражал его цели. Одной из основных задач НКАИ было отстаивание прав, гарантированных индейцам договорами, подписанными ранее с правительством Соединённых Штатов. На сегодняшний день членами НКАИ являются представители более 250 племён, проживающих на всей территории США. Деятельность Национального конгресса за годы его существования значительно расширилась и включает в себя целый ряд приоритетных политических, экономических, социальных и культурных программ, в том числе образовательных, медицинских, экологических и др.

В июне 1961 года НКАИ поддержал одно из первых проявлений «организованного... активизма» коренных американцев[1] – Чикагскую конференцию американских индейцев, на которой собралось более 460 участников из 90 племён. На конференции была заявлена Декларация целей индейцев (Declaration of Indian Purpose), в которой прозвучали призыв положить конец политике терминации и просьба об экономическом содействии племенам. Многие участники были молодыми энтузиастами, и вслед за конференцией в августе 1961 года они создали Национальный совет индейской молодёжи – НСИМ (National Indian Youth Council – NIYC), начавший выпускать ежемесячный информационный бюллетень «ABC: Americans Before Columbus» («Американцы до

---

[1] *Prucha F.P.* The Indians in American society: From the revolutionary war to the present. Berkeley etc.: University of California Press, 1985. P. 410.

Колумба»), быстро ставший голосом радикально настроенных индейцев. Члены организации, которых сегодня насчитывается несколько тысяч, стремятся оказать помощь в «образовании, здравоохранении, социальном обеспечении работой, жильём, представительстве в правительстве и экономическом развитии, что приведёт к усилению чувства собственного достоинства и самоуважения» у индейцев[1]. Их цель – «выживание индейского народа»[2]. НСИМ начинал свою деятельность с движения за гражданские права (в частности, за возвращение права на рыбную ловлю), закреплённые в договорах, но вскоре активно включился в борьбу за экологию и выиграл ряд судебных процессов, возбуждённых племенами против государства. В НСИМ понимали, что «никто не может лучше помочь индейцам, чем сами индейцы»[3].

НСИМ первым начал использовать выражение «Красная сила» и спонсировал демонстрации, марши и акции протеста[4]. Сам термин «Красная сила» (Red Power) во второй половине XX века применялся по отношению к движениям коренных американцев и олицетворял их активную борьбу за свои права. Он появился вслед за термином «Черная сила», ставшим популярным в 1966 году как название афроамериканского движения, отрицавшего доктрину неагрессии Мартина Лютера Кинга. Важнейшей организацией «Красной силы» стало Движение американских индейцев – ДАИ (American Indian Movement – AIM), основанное в 1968 году Деннисом Бэнксом, Джорджем Митчеллом, Клайдом и Верноном Белькурами. Среди его лидеров был также Рассел Минс, ставший впоследствии известным политическим лидером. Оказывая активную помощь индейцам, проживающим в городах, изначально ДАИ олицетворяло собой «духовное движение, возрождение религии, а затем – возрождение достоинства и гордости в народе»[5]. В отличие от многих других организаций, сегодня Движение охватывает уже оба континента – США, Канаду, страны Центральной и Южной Америки. Вера в духовную

---

[1] Сайт National Indian Youth Council (NIYC).

[2] Ibid.

[3] *Знаменский А.А.* Самоопределение для коренных американцев: как решают эту проблему в США//США: Экономика. Политика. Идеология. М., 1993, № 3. С. 42–50. С. 44.

[4] *Mintz S.* The Native American Power Movement. Period: 1960s//*Digital History.*

[5] Сайт American Indian Movement (AIM).

связь всех индейских племён помогает им преодолевать границы, создавать влиятельные организации и проводить мероприятия, собирающие в свои ряды тысячи и десятки тысяч людей. На счету ДАИ имеется ряд успешных судебных исков против федерального правительства в защиту прав коренного населения. Идеологическая база Движения – философия самоопределения – «уходит корнями в традиционные духовность, культуру, язык и историю»[1]. Одна из главных целей ДАИ – обеспечить выполнение государством обязательств по договорам, подписанным в прошлом с индейскими племенами. Благодаря активному содействию этой организации был проведён ряд громких акций протеста, вошедших в американскую историю.

Ярким примером тому служит марш американских индейцев под названием «Тропа нарушенных договоров» (Trail of Broken Treaties), дошедший в ноябре 1972 года от западного побережья страны до Вашингтона с последующей оккупацией штаб-квартиры Бюро по делам индейцев и предъявлением президенту Ричарду Никсону двадцати пунктов требований, в числе которых были: возобновление договорной системы (прекратившей своё существование по решению Конгресса США в 1871 году) и восстановление утраченных прав, ликвидация Бюро по делам индейцев (вследствие его неэффективной деятельности), защита свободы вероисповедания, неприкосновенность духовных и материальных культурных ценностей и др.[2]. Целью «Тропы нарушенных договоров» были сплочение коренных американцев, публичное заявление о своих бедах и требование от правительства исправления совершённых им ошибок. Но желаемые результаты так и не были достигнуты[3].

Одной из наиболее успешных акций протеста был захват в 1969 году в заливе Сан-Франциско острова Алькатрас группой, состоявшей из 78 индейцев и называвшей себя «Индейцами всех племён» (Indians of All Tribes). Согласно договору, остров должен был принадлежать индейцам, но на нём находилась заброшенная федеральная тюрьма. Подобно тому, как более 300 лет назад у индейцев был куплен остров Манхэттен в обмен на стеклянные бусы

---

[1] Сайт American Indian Movement (AIM).

[2] Ibid.

[3] *Prucha F.P.* The Indians in American society: From the revolutionary war to the present. Berkeley etc.: University of California Press, 1985. P. 412.

и красную материю общей стоимостью в 24 доллара, коренные американцы предложили за ту же символичную плату выкупить у правительства остров Алькатрас с тем, чтобы создать там индейские университет, культурный центр и музей. Захват острова ещё был и попыткой привлечь внимание властей к положению индейских резерваций. По словам восставших, Алькатрас как нельзя лучше отражал состояние резерваций: «Там нет водопровода, отсутствуют необходимые санитарные условия, нет промышленности, из-за чего процент безработицы очень высок, нет системы здравоохранения, почва каменистая и неплодородная»[1]. Остров на протяжении 19 месяцев находился в руках повстанцев, но по истечении этого срока он так и не был им возвращён. Тем не менее «Индейцы всех племён» добились многого: внимание общественности и, главное, правительства всё же было обращено к их проблемам, политика терминации была государством прекращена, и её сменил курс на индейское самоопределение, «навсегда изменив взгляд коренного населения на себя, свою культуру и унаследованное право на самоопределение»[2]. За один лишь год – с 1970 по 1971 годы – Конгресс выпустил 52 законопроекта в поддержку самоуправления племён. Оккупация Алькатраса породила «Движение Алькатрас – Красная сила» (Alcatraz-Red Power Movement – ARPM), которое отличалось от других движений XX века тем, что «требовало включения [индейцев] в ведение США, сохраняя при этом их культурную индивидуальность»[3], но уже к концу 1970-х годов его влияние значительно ослабло. Изменился и сам индейский активизм, став более организованным: если до оккупации Алькатраса его проявления были более локальными, чаще связанными с отдельными племенами и случаями притеснения их прав, то после неё акции протеста, в том числе и около 74 случаев захвата различных государственных и частных учреждений и территорий, прокатились по всей стране.

Возможно, захват Алькатраса и подтолкнул коренных американцев последовать примеру этой акции и, спустя 350 лет после прибытия на континент пилигримов, в День благодарения 1970 года, захватить копию корабля Мэйфлауэр в Плимуте (штат Масса-

---

[1] *Mintz S.* The Native American Power Movement. Period: 1960s//Digital History.
[2] Indian activism. Alcatraz is not an island. ITVC, 2002.
[3] Ibid.

чусетс), на котором последние прибыли в 1620 году из Старого Света. В этот день индейцы племени вампаноаг, которое принимало участие в праздновании самого первого Дня благодарения, при поддержке ДАИ провели Национальный день траура, напомнив миру о печальной судьбе тех коренных американцев, которые помогли пилигримам выжить на новом континенте, за что впоследствии поплатились жизнью. И сегодня на острове Алькатрас, а также в других местах ежегодно индейцами проводится анти-День благодарения, чтобы участь их предков не была забыта общественностью.

Отдельно за права индейцев по договорам призван был бороться Правовой фонд коренных американцев (Native American Rights Fund – NARF), специально созданный при помощи правительства США в 1971 году для охраны существующих племён, защиты их природных ресурсов, отстаивания основных прав индейцев, контроля за подотчётностью правительств последним, развития индейской законодательной базы и информирования общественности о проблемах коренных американцев[1]. Одним из его основателей и исполнительных директоров был Джон Экохок — активист, юрист и историк, выходец из племени пауни. Основная цель Фонда — оказание юридической поддержки индейцам в судебных разбирательствах против государства, в том числе и касающихся исполнения обязательств по договорам. Эта организация также сыграла важную роль в изменении политического курса США по отношению к аборигенному населению — от терминации к самоопределению.

Почти в то же время, 28 февраля 1973 года, при поддержке Движения американских индейцев произошло другое важное событие — вооружённый захват посёлка Вундед-Ни в резервации Пайн Ридж в Южной Дакоте, где в 1890 году в междоусобной резне американскими военными было уничтожено 300 индейцев сиу. Осада Вундед-Ни длилась 71 день. Затем в 1975 году последовало столкновение в посёлке Оглала резервации Пайн Ридж, после которого был арестован Леонард Пелтиер — один из активистов ДАИ (ныне отбывающий двойной пожизненный срок в тюрьме за убийство агентов ФБР и которого индейцы до сих пор не оставляют надежды освободить). На разрешение этого конфликта были брошены силы Национальной гвардии и ФБР, но им не удалось быстро и безболезненно подавить восстание. После

---

[1] Сайт Native American Rights Fund (NARF).

этого ДАИ на какое-то время снизило свою активность и было вынуждено уйти в подполье. Однако уже с февраля по июнь 1978 года при поддержке «Движения Алькатрас – Красная сила» и ДАИ был проведён марш протеста от Сан-Франциско до Вашингтона против насильственного переселения индейцев с их земель, в очередной раз привлекший внимание общественности к их проблемам, в том числе и к нарушенным договорам. В нём приняло участие несколько сотен коренных американцев. В отличие от других подобных акций тех лет последняя была мирной и вошла в историю под названием Длиннейший переход (The Longest Walk). Вся эта вереница событий была названа историками «продолжающимися индейскими войнами»[1].

Благодаря возросшей активности, коренные американцы смогли добиться своего признания как равноправных граждан мира, что и было подтверждено 20–23 сентября 1977 года на Конференции ООН по дискриминации коренных народов Америк в выступлениях членов Международного совета по индейским договорам (International Indian Treaty Council – IITC), созданного в 1974 году при участии ДАИ. Этот Совет не случайно называют «международной дипломатической рукой ДАИ»[2], потому что, как и ДАИ, он занимается вопросами индейцев обеих Америк. Совет затрагивал вопросы суверенного статуса и самоопределения коренных народов, а также защиты их прав, традиционных культур и сакральных земель[3], заявляя об этих проблемах на мировом уровне. Конференция, к сожалению, принесла мало результатов, но Рабочая группа по аборигенному населению, созданная при ООН в 1982 году при содействии Совета, в 1992 году провозгласила Универсальную декларацию прав аборигенных народов, обеспечив тем самым представительство этих народов в международном праве, чего не было ранее. Таким образом, Совет выдвинул индейцев на мировую арену. Однако после ухода своего лидера Джимми Дурама в 1981 году Совет, по некоторым оценкам, снизил свою активность[4]. И всё же было достигнуто немало: коренные американцы получили реальную возможность самостоятельно работать над разреше-

---

[1] *Churchill W.* Radicals and radicalism, 1900 to the present//Encyclopedia of North American Indians.

[2] Там же.

[3] Сайт International Indian Treaty Council (IITC).

[4] *Churchill W.* Radicals and radicalism, 1900 to the present//Encyclopedia of North American Indians.

нием проблем своего народа, выдвигая своих представителей в различные организации (например, интересы североамериканских индейцев в ООН в настоящее время представляет вождь племени онондага Орен Лайонс).

На сегодняшний день насчитывается несколько десятков организаций американских индейцев; они оказывают ощутимую помощь как отдельным индивидам и племенам, так и индейскому населению в целом.

Наряду с этим существуют и американские организации, которые занимаются теми же самыми вопросами. Несомненно, старейшая из них – Бюро по делам индейцев, основная работа которого в настоящее время заключается в контроле за исполнением федеральных программ, касающихся земель, племён и резерваций, сельского хозяйства, экономического и социального развития, образования коренного населения и др. В начале 1960-х годов уполномоченный по делам индейцев Филлео Нэш с целью улучшения экономического положения последних создал при БДИ Подразделение экономического развития (Division of Economic Development), а его последователь Роберт Л. Беннетт из племени онейда установил правило, согласно которому все руководящие посты в учреждениях, связанных с делами аборигенного населения, должны занимать коренные американцы с тем, чтобы инициатива в разрешении их проблем исходила от них самих. Вышедший в 1964 году общий Акт о гражданских правах предусматривал равные возможности представителей всех рас при приёме на работу, что значительно облегчило продвижение идей Р. Беннетта. Это было также одним из важных достижений нового политического курса президента Ричарда Никсона.

Хотя БДИ можно назвать главной организацией, регулирующей дела индейцев и по сей день оказывающей на них сильное влияние, это не единственное государственное учреждение подобного типа. Так, в 1968 году президент Л. Джонсон создал Национальный совет по равным возможностям индейцев (National Council of Indian Opportunity), в состав которого уже тогда вошли их представители. Теперь коренные американцы могли официально принимать участие в касающейся непосредственно их политике. Совет разработал программу содействия аборигенному населению. В числе предложенных Советом к 1970 году рекомендаций были следующие:

- укрепление автономии индейских племён;
- осуществление планов социально-экономического развития;
- активное оказание государственной помощи.

Частично рекомендации Совета были приняты во внимание Ричардом Никсоном при проведении американо-индейской политики, основные принципы которой действуют с июля 1970 года до сих пор. Курс на самоопределение, заложенный ещё Дж. Кольером в 1920—1930-е годы, к 1970-м годам достиг своего расцвета. «Общим подходом к решению индейского вопроса стали отказ от ассимиляции, ориентация на культурный плюрализм, признание этнического своеобразия индейских народностей внутри Соединённых Штатов»[1]. Р. Никсон призывал к самоопределению без терминации, избегая крайностей как в виде ликвидации племён, так и в виде государственного патернализма. Его идея заключалась в том, чтобы укрепить автономию индейцев и уменьшить их зависимость от американского правительства, не лишая их при этом государственной поддержки, а также стимулировать развитие индейского предпринимательства и экономическое развитие резерваций в целом. Ещё за два года до того, как в 1970 году была произнесена президентом речь, в которой он высказывал своё видение индейской политики, Конгресс выпустил Акт о гражданских правах индейцев, обязывавший правительства племён обеспечивать своим членам все виды прав и свобод, оговоренных в Билле о правах, и которыми обладают все американские граждане, в том числе и право на справедливое судебное разбирательство. Конгресс скорректировал положения Акта с учётом племенных обычаев, однако даже это не помогло новому закону работать в полную силу ввиду практических трудностей в его применении. В результате далеко не все иски получали должное рассмотрение в племенных судах, а решения о действии Акта о гражданских правах индейцев в отношении отдельных индивидов часто выносились на основе внутренних правил племени, как, например, в деле *Племени санта-клара пуэбло против Джулии Мартинес*, которой было отказано в удовлетворении иска. Её дочь не была признана членом племени по материнской

---

[1] *Знаменский А.А.* Современная американская историография об индейкой проблеме в США//Вопросы историографии внутренней и внешней политики зарубежных стран. Самара, 1991. С. 121—136. С. 122.

линии из-за традиции наследования членства в данном племени по линии отца. Решение по этому делу значительно сократило количество жалоб на нарушения правительствами племён Акта, так как стало очевидно, что Министерство юстиции не оказывает должной поддержки в подобных вопросах.

Однако с приходом к власти Р. Никсона начался новый этап в развитии законодательства, касающегося коренного населения. Первыми тремя индейскими законопроектами Р. Никсона стали:

- возвращение 15 декабря 1970 года племени таос пуэбло священного Голубого озера в Нью-Мексико, имевшего важное значение в религии пуэбло и отобранного у них ещё в 1906 году Т. Рузвельтом;
- Акт об удовлетворении земельных требований коренных жителей Аляски от 18 декабря 1971 года, по которому им были осуществлены выплата компенсаций и передача 16,2 млн. гектаров земли;
- Акт о восстановлении племени меномини от 22 декабря 1973 года, отменивший решение о его терминации.

Можно считать, что эти законопроекты явились началом «новой индейской эры», ибо «все они были примерами самоопределения, так как отвечали на просьбы и потребности самих индейцев»[1].

Как уже упоминалось выше, ещё одним шагом на пути к самоопределению стало стремление Р. Никсона добиться активного участия коренных американцев в жизненно важных для них программах. Сторонники индейцев появились и в Конгрессе, а Билль от 19 апреля 1971 года позволил племенам при финансовой поддержке государства взять управление такими федеральными программами в свои руки. Но, как ни странно, племена не спешили переходить на новое управление – возможно, сказалась привычка зависеть от государства и не нести ответственность самим[2]. Для стимула к действию требовалось предпринять что-то ещё, и эту роль на себя взял вышедший 4 января 1975 года Акт о самоопределении и помощи индейскому просвещению. За два дня до этого была учреждена Комиссия по пересмотру индейской политики (AIPRC), которая к 17 мая 1977 года подготовила от-

---

[1] *Prucha F.P.* American Indian Treaties: The History of a political anomaly. Berkeley etc.: University of California Press, 1997. P. 85–86.
[2] Ibid., P. 88.

чёт, содержащий 206 особых рекомендаций, в ряде которых обращалось внимание на необходимость финансовой поддержки.

Несмотря на то что и сегодня фактически многие племена находятся в «подвешенном» состоянии – между стремлением к самоопределению и независимости с одной стороны и зависимостью от государственной помощи – с другой, они могут устанавливать собственную форму правительства, определять критерии членства, вершить правосудие над членами племени, взимать с них налоги, регулировать внутренние отношения и права на собственность. Они могут устанавливать нормы охоты и рыбной ловли для своих членов в пределах резервации и могут территориально определять и регулировать землепользование[1].

В свете идей индейского самоопределения стали выходить и другие законы, достаточно широко охватывающие интересы всех возрастных групп коренного населения и все сферы деятельности. Так, в период президентства Дж. Картера в 1978 году вышел Акт о социальном обеспечении индейских детей (ICWA), который предоставил племенам возможность самим принимать участие в судьбе своих детей и в случае необходимости их усыновления отдавать предпочтение семьям из того же племени. Раньше этим вопросом занималось Бюро по делам индейцев, в результате чего значительная часть индейских детей оказалась оторванной от своей культуры и усыновлённой американскими семьями. Для укрепления индейских семей были созданы специальные программы по обслуживанию населения рядом с резервациями и внутри них, которые всё же контролировались БДИ, что частично ограничивало индейскую инициативу.

Забегая вперёд, отметим, что уже в мае 1994 года на специально собранной правительством Конференции по проблемам суверенитета индейцев их лидеры в своих выступлениях затронули множество важных вопросов, связанных с суверенным статусом индейских племён, озвучили просьбу к президенту Б. Клинтону закрепить этот статус, издав дополнительные указы, а также очертили круг проблем, требующих особого внимания со стороны правительства[2].

---

[1] *Prucha F.P.* American Indian Treaties: The History of a political anomaly. Berkeley etc.: University of California Press, 1997. P. 94.

[2] *Bordewich F.M.* Killing the White Man's Indian: Reinventing Native Americans at the End of the Twentieth Century. NY: Anchor Books, 1997. P. 323–25.

Р. Рейган также придерживался идей самоуправления индейцев, усиливая местные органы власти и ещё более укрепляя статус межправительственных отношений между племенами и американским государством, таким образом официально признавая индейскую автономию и делая ставку на развитие собственной финансовой базы индейцев[1]. При Р. Рейгане начался процесс возврата индейских человеческих останков и предметов культурного наследия племенам[2] (далее – «репатриация»), который получил своё дальнейшее развитие при Джордже Буше-ст. Сегодня эта тема является для коренных американцев одной из самых актуальных и животрепещущих. Некоторые социологи называют репатриацию «политическим вопросом»[3], но она также очень тесно связана с этническими культурами. Согласно верованиям индейцев, судьба останков их предков в большой мере влияет как на судьбы современных и последующих поколений, так и на состояние гармонии в окружающем мире и Вселенной в целом, поэтому если с этими останками обращаются недолжным образом, это отрицательно сказывается на всей жизни племён. Это лишний раз доказывает живучесть древних традиций коренных американцев и продолжение существования, пусть иногда и несколько видоизменённого, культа предков. Возможность захоронить умерших со всеми подобающими почестями, с соблюдением всех требуемых многовековыми традициями обрядов, снабдив их всеми предметами, необходимыми для путешествия в загробном мире, – цель каждого племени, чтущего свою культуру. Так как в последние годы эта проблема приобрела глобальный масштаб и охватила практически все регионы нашей планеты – Австралию, Северную Америку, Африку и др., представляется необходимым остановиться на ней поподробнее.

---

[1] *Знаменский А.А.* Самоопределение для коренных американцев: как решают эту проблему в США//США: Экономика. Политика. Идеология. М., 1993, № 3. С. 42–50. С. 47.

[2] Согласно определению NAGPRA (Акта о защите индейских захоронений и репатриации), культурное наследие – это «предмет, имеющий... историческую, традиционную или культурную ценность для группы коренных американцев или самой их культуры, в противоположность частной собственности отдельных коренных американцев...» (Native American Graves Protection and Repatriation Act, 1990. Public Law 101–601)

[3] *Hirst K. K.* The Roots of NAGPRA//Indigenous Rights//Controversies//Archaeology.

На североамериканском континенте возврат культурных ценностей и человеческих останков племенам уходит корнями в совсем недавнее прошлое, а именно — в 70-е годы XX века, правда, подобные прецеденты случались и ранее. Одна из первых попыток возврата культурного наследия была предпринята в 1899 году, когда племя онондага (нынешний штат Нью-Йорк) решило через суд вернуть несколько важных для него атрибутов, без которых невозможно проведение церемониальных обрядов и празднование знаменательных событий, — поясов из вампума. Дело было проиграно, и получить их назад онондага смогли лишь через семьдесят пять лет. Сегодня требования отдельных племён гораздо чаще увенчиваются успехом, более того — для них теперь существует законодательная база, подготовленная во многом благодаря возникновению движения за репатриацию и усилиям его родоначальницы — Марии Пирсон. В 1971 году Джон Пирсон, инженер-строитель департамента строительства из штата Айова, работал над проектом изменения шоссе 34, где его бригада натолкнулась на кладбище. Как оказалось, около века назад оно входило в состав деревни. В могилах находились останки как белых, так и индейцев. Археолог штата извлёк скелеты 26 белых людей с целью последующего перезахоронения на местном кладбище, а скелеты индейских девушки и ребёнка были отправлены в лабораторию для дальнейшего изучения. Джон Пирсон рассказал о происшедшем своей жене — Марии Пирсон, представительнице племени янктон сиу, которая очень возмутилась такому решению, посчитав, что «это дискриминация. Если они все были похоронены в одно и то же время, то они [учёные] должны были изучить и 26 белых скелетов»[1]. Мария Пирсон обратилась с протестом к губернатору, добиваясь перезахоронения индейских усопших наряду с белыми. Так началась борьба за право коренных американцев распоряжаться останками своих далёких предков, привлекая внимание общественности, вследствие чего в 1976 году в штате Айова впервые в Америке был издан закон, охраняющий места индейских захоронений. Начало было положено, и аналогичные законы со временем стали появляться и в других штатах. Последний из них вышел в Калифорнии в 2001 году.

Подобные важные изменения в правах коренных американцев явились одними из первых шагов на пути к активному и сво-

---

[1] Horizon: Bones of Contention. BBC. 23.01.1995. (film)

бодному возрождению индейских истории и культуры, а главное – к их общественному признанию. Начали возникать внутри – и межплеменные организации, такие, например, как Альянс по правам американских индейцев (ANAIR), Фонд по репатриации ритуальных принадлежностей американских индейцев (AIRORF), Аборигенная организация Среднего Запада «Спасите останки и ресурсы наших предков» (Midwest SOARRING), Американские индейцы против осквернения (AIAD) и др. Но в то же время они спровоцировали разгорание споров между индейцами и государством в лице археологов. В среде индейцев стали рождаться лидеры движения за репатриацию останков, а среди учёных – противники. Положить конец разногласиям был призван основной закон в этой области – Акт о защите индейских захоронений и репатриации (NAGPRA), вышедший 16 ноября 1990 года. Он утвердил неприкосновенность захоронений коренных американцев на федеральных и племенных землях, запретил коммерческое использование индейских человеческих останков и предметов культа и др. и обязал все американские музеи (в том числе и при университетах) вернуть найденные ранее в захоронениях останки, предметы культового поклонения и предметы, являющиеся культурным наследием, соответствующим индейским племенам. Некоторые исследователи, например, считают, что в настоящий момент в различных организациях находится на хранении индейских человеческих останков больше, чем самих ныне живущих индейцев[1]. Чтобы выяснить, какому племени возвращать вышеперечисленные объекты, должна быть установлена их культурная принадлежность, отражающая, по определению NAGPRA, «тождественность групповых особенностей современного индейского племени... и идентифицируемой более ранней группы, которые могут быть достаточно точно отслежены исторически или доисторически»[2].

С этой целью учёные обращаются к различным источникам и материалам – археологическим, географическим, историческим, биологическим, генеалогическим, этнологическим, лингвистическим, фольклорным, архивным и другим. Если принадлежность останков не выявлена или никто не требует их возврата,

---

[1] *Spease G.* Repatriation of Native American Human Remains.
[2] Native American Graves Protection and Repatriation Act, 1990. P. L. 101–601.

ответственность за их дальнейшую судьбу — сохранение или пере-захоронение — возлагается на министра внутренних дел. Закон предусматривает наказание в виде штрафов или тюремного за-ключения сроком до одного года за куплю-продажу индейских останков и предметов без права на их владение. Повторное нару-шение может увеличить срок заключения до пяти лет. Был создан специальный Обзорный комитет для контроля за археологичес-кими находками и установления их культурной принадлежнос-ти. К 16 ноября 1993 года государство обязало федеральные орга-низации выпустить перечень с описанием всех погребальных принадлежностей, а также предметов поклонения или представ-ляющих собой какую-либо иную культурную ценность, находя-щихся в их ведении, и предоставить информацию о географичес-кой или культурной принадлежности этих предметов, а к 16 но-ября 1995 года организации, имеющие в своём распоряжении подобные предметы и человеческие останки, должны были соста-вить и опубликовать их подробную опись.

Особым статусом в этом плане был наделён Смитсоновский институт с относящимся к нему Национальным музеем естест-венной истории (NMNH), в котором находилось и находится зна-чительное количество вышеперечисленных экспонатов, в том числе — более 18 тыс. индейских человеческих останков. Многие останки и предметы, хранящиеся в музее, частично были найде-ны во время археологических раскопок на территории США за последние сто с лишним лет, а частично были собраны военными и путешественниками во второй половине XIX века. Особый ста-тус Смитсоновского института был отражён в специальном Акте национального музея американских индейцев (NMAI Act), из-данном в 1989 году, с внесёнными в 1996 году в него поправками. Согласно этому Акту, Национальный музей естественной исто-рии разослал к концу февраля 1997 года перечни хранящихся в нём предметов всем федерально признанным племенам, а 1 июня 1998 года были разосланы окончательно составленные описи всех оставшихся в NMNH человеческих останков и погребальных при-надлежностей. Очень важным и положительным представляется тот факт, что Актами национального музея американских индей-цев и о защите индейских захоронений и репатриации для корен-ных американцев не предусмотрены никакие конечные сроки для подачи требований о репатриации, иными словами, временные рамки устанавливаются только для музеев.

На сегодняшний день в США кроме перечисленных выше существует немало других организаций, занимающихся вопросами репатриации. Среди наиболее значимых из них следует назвать Национальную службу парков (NPS), под государственную защиту которой подпадает от шести до семи миллионов археологических объектов и основной целью которой является охрана исторических, культурных и природных ресурсов Америки. При поддержке NPS в 1966 году вышел Акт о национальной исторической охране (NHPA), который отразил стремление правительства защитить наследие страны от любых нежелательных посягательств с чьей-либо стороны. Немного позднее, в 1979 году, появился Акт о защите археологических ресурсов (ARPA), преследующий цель сохранить и уберечь последние от мародёрства и разрушения. Однако ARPA и все остальные законы распространяются только на федеральные и племенные земли. Проблема заключается в том, что они не касаются частных владений. Таким образом, даже Акт о защите индейских захоронений и репатриации не может полностью обеспечить контроль за охраной индейского наследия на частных землях, что также пока является камнем преткновения на пути к достижению взаимопонимания. Одна из проблем, связанных с репатриацией, заключается в том, что последняя практически неизбежно влечёт за собой противоречия – как юридические, так и моральные. Такая ситуация не только накаляет обстановку, но и вынуждает правительство Соединённых Штатов искать способы наименее болезненного решения этого вопроса.

Тем временем спор продолжается, и в первую очередь – между индейцами и археологами. Последние единодушно сходятся во мнении, что «потеря источника данных такого важнейшего значения была бы разрушительной для археологии», так как «в ближайшие годы новые способы датировки и анализа позволят археологам проводить более точные исследования»[1]. Несомненно, если человеческие останки и предметы придётся вернуть и перезахоронить, дальнейшее их изучение будет невозможно, как нельзя будет и перепроверить уже имеющуюся информацию. Известный антрополог из Калифорнийского университета Клемент Мейан сравнивает «перезахоронение костей и артефактов... с

---

[1] *Pettifor E.* The Reburial Controversy: A General Overview and Exploration of a Method for Resolution of the Ethical Dilemma.

тем, как если бы историк сжигал документы после их изучения»[1]. Приводя множество аргументов, он отстаивает точку зрения учёных, радикально настроенных против репатриации. Так, К. Мейан приводит примеры, когда некоторые индейцы сами приносили в дар или продавали музеям материалы в надежде, что они там останутся на сохранении для будущих поколений. Возвращая их племенам, музеи нарушают моральные обязательства. К тому же, подчёркивает он, большая часть знаний самих аборигенов, выступающих в поддержку движения репатриации, почерпнута из «записок европейских исследователей, миссионеров и поселенцев, а также из изучения прошлого и настоящего историками, этнографами, антропологами и археологами»[2]. Эти учёные полагали, что помогают коренным американцам сохранять их наследие, и эту точку зрения разделяли и разделяют многие индейцы. Однако большинство из них всё же выступает в защиту движения за репатриацию, так как для коренных американцев это не просто символическая компенсация за причинённые страдания и вред, нанесённый их культуре. Останки и предметы из захоронений очень важны для индейцев и требуют особого к ним отношения. «В основе лежит вопрос о культурной принадлежности, преемственности и выживании. Индейская культура теснейшим образом связана с духовностью. Индейцы, в отличие от западного общества начала XVII века, не пережили раскола между наукой и религией»[3]. Роджер Энион, консультант по культурным ресурсам при Смитсоновском институте, ищет причину спора в различиях между культурами: «Главное различие состоит в том, что не-индейцы хотят видеть прошлое, чтобы знать его, в то время как для индейцев настоящее заключает прошлое в себе, и поэтому им не обязательно видеть прошлое, чтобы знать его»[4], т.е. прошлое и настоящее взаимно переплетены. Интересно, что в спорных случаях определить принадлежность останков учёным помогает как раз предписанное законом обращение к устным традициям — в частности, мифам, раскрывающим

---

[1] *Meighan C.W.* Burying American Archaeology//American Anthropology № 57, 1992. P. 704–710.

[2] Ibid., P. 704–710.

[3] *Pettifor E.* The Reburial Controversy: A General Overview and Exploration of a Method for Resolution of the Ethical Dilemma.

[4] *Anyon R.* Protecting the Past, Protecting the Present: Cultural Resources and American Indians.

происхождение, миграции и историческое прошлое племён. Некоторые исследователи отмечают, что, как правило, данные, полученные таким способом, совпадают с информацией, имеющейся у учёных. Это лишний раз подтверждает их надёжность и предположение о том, что индейцы и без научных открытий – из устных традиций, мифологии – неплохо осведомлены о своей истории. Ларри Зиммерман, археолог из Университета Айовы, указывает на один из многих примеров успешного сотрудничества автохтонного населения и археологов в случае с перезахоронением в Небраске, где индейский историк Роджер Экохок и археолог Стив Холен собирали информацию параллельно: первый – из устных источников, а второй – в процессе археологических исследований. Когда они сравнили свои результаты, выяснилось, что очень многое было схожим, хотя, конечно, имелись и некоторые расхождения[1].

Однако даже подобные случаи взаимодействия пока что не в состоянии разрешить споры вокруг проблем репатриации. С чисто человеческих позиций можно понять недоумение коренного населения по поводу того, что ему не дано право распоряжаться тем, что ему принадлежит. Но и на это археологи могут возразить – ведь далеко не всегда удаётся выявить, какое из племён имеет право на те или иные священные реликвии. Во-первых, «морфология многих ранних американских черепов делает невозможным предположить, что они относятся к предкам любой из ныне живущих групп американских индейцев»[2], и чем глубже мы уходим в прошлое, тем труднее становится доказать, кто же является потомками тех, чьи останки находят в захоронениях. Во-вторых, вследствие миграций и войн местонахождение захоронений предков определённого племени может не совпадать с современной территорией его проживания, а также может находиться на стыке территорий разных племён, что ведёт к тому, что одновременно несколько групп заявляют о своём праве на останки. Но подобные аргументы не останавливают индейских лидеров движения за репатриацию. Например, Броско Лебо из племени лакота-сиу подчёркивает, что его племя готово принять даже неидентифицированные останки, ибо для индейцев всё и вся взаимосвязано: «духовность не оторвана от экологии в системе их верований, это части одного целого, и это имеет

---

[1] *Zimmerman L.J.* Sharing Control of the Past//Archaeology.
[2] *Slayman A.L.* Reburial Dispute//Archaeology Online.

прямое отношение к захоронениям»[1]. Более того, «... репатриация и перезахоронение эксгумированных останков – своего рода возрождение нравственных стремлений предков. И всё же перезахоронение включает в себя больше, чем исполнение последних желаний ушедших поколений. Так как захоронение – важный фактор в поддержании баланса взаимоотношений между землёй, людьми и духами, извлечение захороненных останков разрывает цикл взаимодействующей вселенной, устанавливая цикл хаоса. В сущности, вернуть кости предков земле – это восстановить взаимные отношения между землёй и... [индейцами] *всех* времён, свести пространство и время воедино, укрепить силу этнической долговечности и снова заставить вселенную функционировать должным образом. Возвращение тел на их место становится символичным способом восстановления порядка в нравственном мире, соединения нитей шаткого бытия и выведения логики из хаоса»[2].

Таким образом, «захоронения... для индейцев – неотъемлемая часть вопроса защиты культурных ресурсов», и для них непонятно, почему охранять надо только какую-то одну часть их культуры[3]. К тому же само внимание к проблеме репатриации, обострившееся в последние десятилетия, не только свидетельствует о возрождении самосознания индейцев, но и способствует ему, что представляется очень важным.

Тем не менее выход из создавшейся ситуации всё же существует. И учёные, и коренное население сходятся во мнении, что Акт «О защите индейских захоронений и репатриации» начал их сближать[4]. Подтверждением тому служат примеры взаимного сотрудничества. Так, когда Университет Небраски собрался возвратить человеческие останки племени омаха, последнее предложило предварительно детально их изучить. Сегодня одной из важнейших проблем со здоровьем у омаха является заболеваемость сахарным диабетом, от которого страдает от половины до двух

[1] *Pettifor E.* The Reburial Controversy: A General Overview and Exploration of a Method for Resolution of the Ethical Dilemma.

[2] *Pryce P.* «Keeping the Lakes' Way»: Reburial and Re-creation of a Moral World among an Invisible People. Toronto, etc.: University of Toronto Press, 1999. P. 139.

[3] *Pettifor E.* The Reburial Controversy: A General Overview and Exploration of a Method for Resolution of the Ethical Dilemma.

[4] *Morell V.* An Anthropological Culture Shift//Science. Vol. 264, Apr. 1, 1994. P. 20–22.

третей членов племени. Исследование останков с медицинской точки зрения помогло выявить причину такой «эпидемии» — существенное изменение в диете (в том числе отказ от мяса бизонов) и переход к более пассивному образу жизни. Анализ костей также помог определить ещё одну предпосылку постепенного упадка племени — ряд экономических изменений, коснувшихся его в самом начале XIX века, вследствие чего снизились рождаемость и продолжительность жизни. Помимо этого стал очевидным ранее неизвестный и любопытный факт, что в 1800-е годы медицина племени была более развита, чем у европейцев и американцев. Работа учёных помогла восстановить некоторые утраченные страницы истории омаха, что принесло пользу обеим сторонам[1].

Ещё одним примером сотрудничества является то, что племена сами стали принимать активное участие в исследованиях, учреждая независимые племенные службы по охране исторических ценностей, разрабатывая программы по изучению и сохранению своих культурных ресурсов и т.д. Так, у зуни с 1975 года действует собственная Археологическая программа. Работа Офиса по охране исторических ценностей у навахо содействовала выходу Акта «Об охране культурных ресурсов племени навахо», а Департамент археологии навахо (NNAD) активно занимается обучением археологов-индейцев с той целью, чтобы в ближайшем будущем племя могло иметь собственных специалистов в этой области.

Наряду со стремлением к успешному взаимному сотрудничеству необходимо упомянуть и о совершенно других тенденциях, когда индейцы требуют немедленного прекращения любых исследований и скорейшего перезахоронения останков, не давая возможности собрать даже минимальные данные для чёткого определения их культурной принадлежности. К подобным примерам можно отнести возврат в декабре 1991 года шошонам-баннокам останков женщины, найденных на юге штата Айдахо, или возврат в 1993 году южным ютам в Колорадо скелета, найденного в 1988 году в пещере Хургласс[2]. Сами представители племён объясняют такую поспешность тем, что они очень сильно «чувствуют связь между рациональным знанием и священными предметами, собранными с [их] алтарей: знание и предмет едины...

---

[1] Horizon: Bones of Contention. BBC. 23.01.1995. (film)
[2] *Johnson G.* Indian Tribes' Creationists Thwart Archeologists.

Хопи[1] сейчас хотят, чтобы эти эзотерические знания были защищены» от внешнего вторжения[2] (хотя те же хопи в отдельных случаях с одобрения Совета племени дают своё согласие на изучение останков и связанных с ними предметов).

Что же касается современного законодательства, то оно зачастую ставит археологов в жёсткие рамки: малейшее несоблюдение условий (например, начало работ до получения соответствующего разрешения или самовольное распоряжение останками, даже с целью их возврата) может повлечь за собой уголовное наказание. Это, а также отсутствие в большинстве случаев возможности изучения останков, наводит некоторых учёных на мысль, что американская археология теряет смысл и вырождается как наука[3], ибо когда «учёные начинают опасаться, что любое их заявление может повлечь за собой серьёзные политические последствия, их научной дисциплине угрожает паралич»[4].

Случай, известный под названием «Кенневикский человек» (Kennewick Man), ярко иллюстрирует сразу целый ряд возникающих противоречий и проблем, связанных с репатриацией. В конце июля 1996 года в районе Кенневик на реке Колумбия (штат Вашингтон) был обнаружен один из старейших и наиболее хорошо сохранившихся человеческих скелетов, когда-либо найденных в Северной Америке, возраст которого составляет 9300 лет. В том же захоронении находилось ещё несколько скелетов, но скандал разгорелся только вокруг одного из них – «Кенневикского человека». Опустим детали, касающиеся претензий, раздававшихся непосредственно в адрес археологов, работавших с останками (ими был нарушен целый ряд законов[5]). Согласно положениям NAGPRA, любые останки, найденные на территории США и датированные до 1492 года, автоматически рассматриваются как индейские. Несмотря на это,

---

[1] Как и другие племена.

[2] *Morell V.* An Anthropological Culture Shift//Science. Vol. 264, Apr. 1, 1994. P. 20–22.

[3] *Meighan C.W.* Burying American Archaeology//American Anthropology № 57, 1992. P.704–710.

[4] *Pryce P.* «Keeping the Lakes' Way»: Reburial and Re-creation of a Moral World among an Invisible People. Toronto, etc.: University of Toronto Press, 1999. P. 145.

[5] *Liberty D.M.* Kennewick Man Was Not Alone.

определить их племенную принадлежность было очень сложно, учитывая ещё и тот факт, что черты Кенневикского человека не схожи с представителями ни одного из ныне населяющих нашу Землю народов. Эти останки (380 костей и их фрагментов) пожелали заполучить для дальнейшего перезахоронения одновременно сразу пять северо-западных племён – уматилла, колвил, якима, неперсе и ванапум. В результате возник целый ряд вопросов: помимо вынесения решения о репатриации и установления её сроков необходимо было выяснить, подпадает ли вообще вышеуказанный скелет под Акт о репатриации, и если подпадает, то кому именно следует его возвращать. Сразу же не замедлили выявиться и некоторые важные этические аспекты, неразрывно связанные с возвратом останков, а именно: раздались упрёки в адрес археологов в незаконном и несвоевременном начале работ; резко обозначилось противостояние между учёными, желавшими исследовать ценный исторический материал, и индейцами, не дававшими на это согласия; началось выяснение отношений сразу между несколькими племенами и пр. В ходе судебного процесса между восемью археологами и индейцами учёные 4 февраля 2004 года получили официальное разрешение на продолжение работ по исследованию останков, что вызвало резкое неодобрение со стороны коренного населения. В 2005 году была сделана и представлена общественности копия черепа Кенневикского человека, по которой в начале 2006 года был нарисован его предположительный портрет при жизни, а осенью 2006 года учёные обещали уже обнародовать результаты исследований. Тем не менее точка в этом деле ещё не поставлена. Пока что останки хранятся в музее Бёрка в Сиэттле, а в Сенате идёт обсуждение поправки к NAGPRA, которая позволила бы федерально признанным племенам настаивать на возврате им найденных останков даже в тех ситуациях, когда невозможно установить культурную принадлежность последних[1]. Учёные протестуют против внесения такой поправки, но американские индейцы считают её обоснованной и

---

[1] В августе 2006 года Сенату на рассмотрение была предложена ещё одна поправка к этому же Акту, которая позволила бы учёным практически сразу приступать к исследованию обнаруженных человеческих останков, не ожидая на это разрешения племён и/или суда. Однако в связи с резкой критикой предложенного Билля американскими индейцами политологи убеждены, что такая поправка принята не будет.

необходимой. «Дело Кенневикского человека» — лишь один из наиболее ярких примеров разногласий между представителями обеих сторон. В данном случае решение суда не совпало с положениями NAGPRA, но в большинстве других, ему подобных, закон оказывается на стороне индейцев, и останки возвращаются им.

Для учёных вопрос репатриации касается в первую очередь исследовательских данных, представляющих для науки главную ценность и огромнейший интерес и вызывающих справедливые опасения со стороны археологов в их утрате. Человеческие останки могут рассказать об очень многом. К примеру, химический анализ костей позволяет с точностью восстановить картины прошлого, историю целых племён и народностей: рацион питания людей того времени, их активность и продолжительность жизни, демографию, род занятий, благосостояние, культурное развитие и стратификацию общества, развитие связей или возникновение вражды между племенами. Костные повреждения рассказывают о прошедших в далёкие времена войнах и видах оружия, а имеющиеся на человеческих останках отпечатки краски — о характерной для того или иного племени боевой раскраске. Такая наука как антропохимия по микроскопическим количествам органических веществ в костях может помочь восстановить образ жизни и привычки людей, причины их болезней и даже поведение, а палеопатология (изучение истории болезней путём исследования останков) крайне важна для медицины как с точки зрения установления времени возникновения и выявления причин заболеваний, так и с точки зрения способов их лечения, разработки новых лекарственных препаратов. Проблема заключается в том, что выводы и подходы к решению стоящих перед наукой вопросов у каждого учёного могут быть свои, и в связи с этим медики также опасаются, что могут потерять возможность найти правильные ответы и решения, если лишатся материала для продолжения исследований.

Видимо, полностью удовлетворить пожелания обеих сторон — потомков умерших и исследователей — вряд ли удастся, но добиться реальных успехов в этом всё же представляется возможным, ибо есть учёные, которые видят будущее в тесном сотрудничестве с индейцами, во взаимообщении и взаимопомощи, а не в навязывании, как это иногда делают археологи, исключительно своих мнений. Л. Зиммерман уверен, что коренные американцы могли бы поделиться с ними своими взглядами и версиями, что положительно сказалось бы на результатах исследований[1]. При этом, как считает Р. Энион, не следует забывать и о культурных различиях, так как у разных народов на передний план выдвигаются разные ценности, через призму которых они видят сохранение прошлого. Для успешной «защиты культурных ресурсов необходимо, чтобы ко всем сторонам было равное отношение. ...Именно принятие многочисленных точек зрения — ключ к достижению поставленной цели»[2].

Оба вышеописанных явления — рост политической активности автохтонного населения и ставшая возможной репатриация индейских человеческих останков и предметов культурного наследия, заявившие о себе во второй половине XX века, — свидетельствуют об общем росте этнического самосознания индейцев, об их живейшем участии в судьбе своего народа и стремлении к сохранению его культуры и традиций.

[1] *Zimmerman L.J.* Sharing Control of the Past//Archaeology № 47, 1994. P. 6.
[2] *Slayman A.L.* Reburial Dispute//Archaeology Online.

§ 5. Социокультурное положение современных индейцев в резервациях и городах

Медленно, но верно набирает обороты и экономическое развитие коренного населения. И хотя «почти по всем основным показателям, определяющим их социальный статус, американские индейцы занимают последнее место среди национальных групп США»[1], в конце XX века было предпринято немало попыток улучшить эти показатели. Когда дело касается экономики индейских племён, в первую очередь следует рассматривать резервации, и уже потом — другие территории, на которых проживают коренные американцы, ибо именно резервации со своими правительствами и уникальным политическим положением наделяют индейцев особым статусом, отличающим их от всех других этнических меньшинств в стране. У большинства резерваций по сей день сохраняется финансовая зависимость от американского правительства, так как пока ещё они экономически не самодостаточны. Государственная поддержка им оказывается по всем направлениям: «образовательные, медицинские и социальные программы; строительство школ, больниц и дорог; системы ирригации и управление ресурсами — всё это было предоставлено из федеральных фондов»[2]. Однако, как уже упоминалось выше, в наше время племена могут сами решать, какие именно программы им необходимы и на что конкретно они хотели бы направить финансирование, выделяемое правительством через Бюро по делам индейцев. Тем не менее не все считают, что помощь государства идёт по назначению. По мнению известного индейского писателя и общественного деятеля Вайна Делории-мл., «федеральные программы обогащают богатых, но не помогают бедным», особенно тем, кто находится в сельской местности.[3] Возможно, поэтому Дж. Буш-ст. во время своего руководства, поддержав инициативу самоуправления племён, позволил им контролировать федеральные индейские программы самостоятельно без вмешательства БДИ и получать гранты напрямую от

---

[1] *Евтух В.Б.* Историография национальных отношений в США и Канаде (1960–1970-е годы). Киев: «Наукова думка», 1982. С. 14.

[2] *Prucha F.P.* American Indian Treaties: The History of a political anomaly. Berkeley etc.: University of California Press, 1997. P. 99.

[3] *Dunbar L.W.* (Ed.) Minority Report: What Has Happened to Blacks, Hispanics, American Indians, and Other Minorities in the Eighties. NY: Pantheon Books, 1984. P. 152.

правительства. Племя чероки оказалось одним из первых, испробовавших на себе такой подход, и на сегодняшний день это одно из наиболее преуспевающих племён в стране[1].

Сегодня некоторые резервации, благодаря возможности самоуправления, достигли значительных результатов. В качестве яркого примера можно привести самую крупную из них — резервацию навахо. 19 апреля 2005 года после многолетних тяжб племя наконец смогло добиться принятия Акта охраны природных ресурсов навахо. Таким образом, правительство навахо стало первым из всех племён, «запретившим добычу и разработку урана на своей территории»[2], за что президент племени Джо Ширли-мл. в сентябре 2005 года был удостоен специальной Премии Нобелевского института «За безъядерное будущее». Более того, «племя навахо взяло на себя лидирующую роль, став представителем... аборигенного населения на мировом уровне»[3]. Причиной выбора на роль такого представителя — именно из племени навахо — послужило создание в резервации одной из самых больших беспроводных сетей Интернет, в результате чего «сегодня племя... [успешно] использует собственные технологии информационных коммуникаций с целью дистанционного обучения, развития экономики, телемедицины, [внутреннего] управления и обеспечения общественной безопасности даже в отдалённых уголках своего [большого] сообщества»[4].

Президент племени навахо подробно докладывал об этом на Международном Саммите по информационному сообществу в Тунисе в ноябре 2005 года, куда он был приглашён организаторами (ООН), а ранее — на предварительной конференции в Оттаве в Канаде. Опыт этого племени был взят за модель развития технологий информационных коммуникаций среди всего автохтонного населения планеты (370 млн. чел.), а в ближайшее время представитель племени навахо уже начнёт курировать создание подобного проекта для коренных жителей Бразилии.

Во время Саммита навахо отличились и в другом плане, продемонстрировав общественности свою самобытность, когда в зале

---

[1] *Bordewich F.M.* Killing the White Man's Indian: Reinventing Native Americans at the End of the Twentieth Century. NY: Anchor Books, 1997. P. 57.
[2] Navajo News, Sept. 25, 2005.
[3] Navajo News, Nov. 14, 2005.
[4] Ibid.

появилась 20-летняя Мисс навахо 2005 г. Рашель Джеймс, затмив красотой своего этнического наряда даже самые изысканные одежды присутствовавших высокопоставленных особ[1]. Р. Джеймс являлась членом делегации своего племени и, сообразно своему титулу, она активно занималась политической и культурно-просветительской деятельностью, разъезжая по всему миру. Такую возможность ей предоставила её резервация.

Обладая законным правом на самоуправление и самостоятельно принимая решения касательно наиболее важных для него дел, правительство племени навахо ведёт постоянную работу по подъёму экономики и уровня жизни в своей резервации и по защите прав своих граждан, становясь примером для подражания.

Помимо самоуправления у индейских земель имеются и другие преимущества. Одно из них – снятие налога на собственность. Тем не менее, это не освобождает коренных американцев от других налогов, в том числе и подоходного. Последний не платят только члены племени, постоянно проживающие в резервации. В случае же добычи полезных ископаемых на территории резервации, племя само может взимать налоги с разработчиков. Свобода от налога на собственность выгодно сказывается на деловой жизни аборигенов; возможно, именно поэтому большинство казино в США держат индейцы, а т.к. по всей территории страны казино официально запрещены кроме штата Невада и индейских земель, это уже стало традиционным индейским бизнесом. Игорный бизнес среди коренного населения завоевал популярность сравнительно недавно. Начало было положено племенем семинолов в 1979 году во Флориде, когда они открыли в своей резервации первое лото-бинго с высокими ставками в «индейской стране». Их пример вызвал подражание у других племён, и хотя американский суд пытался прекратить подобную практику, в конечном счёте государству пришлось её разрешить, что и было узаконено в 1988 году рейгановским Актом о регулировании индейского игорного бизнеса (Indian Gaming Regulatory Act), и к 1994 году игорным бизнесом занималось уже более 160 племён[2]. Сегодня самое прибыльное индейское казино и одно из самых больших казино в

[1] Navajo News, Nov. 22, 2005.

[2] *Bordewich F.M.* Killing the White Man's Indian: Reinventing Native Americans at the End of the Twentieth Century. NY: Anchor Books, 1997. P. 108.

мире – Фоксвудз – работает с 1991 года в резервации племени ма-шантакет-пекот в штате Коннектикут. А ведь ещё в середине про-шлого века это немногочисленное племя даже не было федераль-но признанным!.. Такая деятельность решает вопрос безработицы не только для самих членов племени, но и для многих американ-цев. Ежегодный доход от игорного бизнеса «составляет более $18 млрд. и распределяется между соплеменниками»[1]. Тем не менее, в этом бизнесе на сегодняшний день занято лишь 40% из офици-ально признанных племён[2]. В 1985 году, т.е. ещё до выхода Акта, в целях «экономического, социального и политического улучше-ния жизни индейских народов» была создана Национальная ас-социация индейского игорного бизнеса (National Indian Gaming Association)[3].Преимущества казино – доходы, которые ощутимо помогают многим племенам, а также рабочие места, ибо безрабо-тица среди индейцев составляет 31,8%[4]. Но от неё, по мнению ли-деров племён, а заодно и от бедности и бича резерваций – алкого-лизма можно избавиться. Каждая резервация решает этот вопрос по-своему. Например, мескалеро апачи для привлечения турис-тов выстроили на своей территории лыжный курорт, казино, ши-карный отель и поле для гольфа, а члены резервации лагуна пуэб-ло организовали большую фирму по производству военного обо-рудования. В деле борьбы с безработицей хорошим подспорьем оказались и традиционные народные промыслы: произведения индейского искусства пользуются большой популярностью, поэ-тому представители многих племен (зуни, навахо и др.) открыва-ют свои магазинчики по продаже серебра, керамики, одеял и дру-гих изделий народных промыслов. По результатам переписи на-селения 2000-го года можно сделать вывод, что число предприятий, владельцами которых являются индейцы, постоянно растет, при-нося последним довольно высокий доход. Это касается не только «прибыльного» бизнеса (казино, отелей, курортов), но также и более мелких предприятий, прочно занявших свое место на рын-ке. Подобная предпринимательская деятельность находится на самоокупаемости, и доходы от нее остаются в той же резервации, а это – большое финансовое подспорье без непосредственной под-

[1] *Блех Й.* Новые индейцы//Профиль. М., № 14, апр. 2006 г. С. 89.
[2] *Брушак Дж.* Эпоха возрождения индейского народа//National Geo-graphic (Россия), окт. 2004. С. 94–113.
[3] Сайт National Indian Gaming Association (NIGA).
[4] US Census Bureau.

держки государства. Законопроекты, предоставляющие племенам больше возможностей для самоуправления, активно способствуют развитию торгово-рыночных отношений и частично самостоятельному разрешению проблем. Все чаще предложения по обустройству жизни исходят не от Бюро по делам индейцев и других организаций, а от самих аборигенов, к чему они так долго стремились.

Однако всё ещё остаются до конца не решёнными некоторые очень важные вопросы, такие, например, как федеральное признание отдельных племён. С 1978 года БДИ обязало племена пройти долгую и дорогостоящую процедуру «признания», чтобы иметь возможность пользоваться целым рядом государственных льгот, которых непризнанные племена лишены. В том же году было создано специальное агентство – Проект федерального признания (FAP) (ныне – Отделение признания и исследований (BAR)), позволившее обрести новый статус даже тем племенам, которые были терминированы. Официальный статус племени напрямую влияет на государственную поддержку и финансирование, поэтому неудивительно, что некоторые непризнанные племена иногда сталкиваются с нежеланием их признания теми, у кого этот статус уже имеется, ведь чем больше племён – тем меньше льгот, связанных с государственным финансированием, приходится на каждое конкретное из них[1]. Разумеется, наиболее остро этот вопрос касается тех людей, которые проживают в резервациях.

Серьёзным шагом на пути к улучшению уровня жизни в резервациях стал вышедший в 1996 году Акт содействия жилищному строительству и самоопределению коренных американцев (NAHASDA), сведя все программы по оказанию помощи индейцам с жильём в две основные – Индейскую единовременную жилищную субсидию (IHBG) и Раздел VI Кредитного поручительства. В 2000 году к Акту была принята поправка, и закон распространился и на коренных гавайцев. Сами индейцы отмечают, что помощь, оказываемая NAHASDA, действительно ощутима и важна для них (см. результаты социологического исследования в § 6). Но в 2005 году Дж. Буш-мл. резко сократил затраты на финансирование федеральных индейских программ, что не только вызвало недовольство многих индейцев, но и, несомненно, сказалось на социально-экономической сфере их жизни, особенно в резервациях.

---

[1] *Giese P.* The Recognition Process//Tribes Forced to Prove Existence.

Подобные прецеденты случались и ранее, когда в 1996 году при Б. Клинтоне «индейская статья» бюджета была урезана на 15% по сравнению с предыдущим годом. Все СМИ твердили, что «последствия этих сокращений будут пагубны для Индейской страны»[1]. Индейцы не исключают, что нынешние изменения в бюджете связаны с войной в Ираке, в которой участвовали и погибли в том числе и некоторые их соплеменники. (Даже гору Скво в Аризоне по инициативе местного губернатора хотели переименовать в честь первой погибшей в этой войне женщины-солдата – индеанки Лори Пайстевы из племени хопи[2].) Новая волна бурных обсуждений финансирования индейских программ прокатилась по стране в связи с решением Дж. Буша-мл. урезать отводимый на них бюджет. Осуждая такой шаг президента, сенаторы указывают на целый ряд возможных негативных последствий – от уменьшения строительства жилищными фондами доступного жилья до закрытия отдельных клиник и школ для индейцев, а также напоминают о юридических договорных обязательствах правительства США перед племенами[3]. По прогнозам специалистов, в большей степени пострадает сфера образования[4]. Сенатор Джон Маккейн, один из активных борцов за права индейцев (в Сенате – с 1986 года), назвал «эти урезания бюджета несправедливыми и необоснованными»[5].

Возможно, отчасти по финансовым причинам большинство коренных американцев – 64%[6] – в настоящий момент и проживает в городах, где им оказывают разностороннюю поддержку специальные центры, такие, как Общество американских индейцев в Нью-Йорке и Вашингтоне. Конечно, в плане престижной работы, карьерного роста, зарплаты, достойного жилья, образования и ряда других перспектив города значительно опережают резервации, хотя в последнее время многие городские индейцы постепенно возвращаются обратно в них – к своему культурному

---

[1] Interior Fact Sheet on FY 1996 BIA Funding.
[2] Arizona war memorial sparks row//BBC News, UK Edition, 17 April 2003.
[3] Proposed cuts would hurt Indian programs//National Indian Education Association (NIEA). March 23, 2005.
[4] Ibid.
[5] Senators question Bush administration's budget cuts//Indianz.Com. Feb. 17, 2005.
[6] US Census Bureau.

наследию, т.е. происходит процесс ретрайбализации. Более того, по уже подмеченной в последние десятилетия тенденции, молодые люди, получившие высшее образование по различным специальностям, стремятся применить эти знания на благо, развитие и процветание своих племён.

Наряду со всем позитивным, что может сегодня предложить город современному человеку, урбанизация несёт в себе определённую угрозу культурному наследию, и довольно серьёзную. «Индейцы из резерваций верят, что если ты вырос не в резервации, в своих традициях и культуре, то ты – ненастоящий индеец»[1]. Но главное даже не это. Из-за развития урбанизации появляется все больше смешанных браков среди коренных американцев (около 60% индейцев состоит именно в таких браках[2]), что создает некоторые трудности при определении этнической и особенно племенной принадлежности ребенка. Дети от таких браков постепенно утрачивают тесную связь с индейской культурой и традициями и, как правило, не знают индейского языка, хотя, безусловно, всё зависит от самих родителей. Как уже упоминалось выше, чистокровных коренных американцев уже практически не осталось, и смешанные браки – первая тому причина. И по сей день существуют племена, старающиеся изо всех сил сохранить чистоту крови. В результате – члены племени вступают в родственные браки, что в конечном счете отрицательно сказывается на здоровье потомства. Молодое поколение индейцев уже отчётливо осознаёт угрозу возможного вырождения. Ярким подтверждением тому служат слова члена одного из таких племён, названия которого из этических соображений он даже не произносит: «они крепко увязли в старых обычаях»[3]. Он решил, что в этой ситуации ему лучше покинуть своё племя и перебраться в город. Его поступок свидетельствует о том, что ассимиляцию остановить уже невозможно.

Анализируя современный этап развития отношений между коренными американцами и правительством США и те шаги, которые были предприняты государством к взаимному сближению, можно заключить, что по крайней мере формально наконец до-

---

[1] *Moore M.* Genocide of the Mind: New Native American Writing. NY: Thunder's Mouth Press/Nation Books, 2003. P. 25.

[2] US Census Bureau.

[3] Из личной переписки автора с коренными американцами.

стигнут диалог, в котором обе стороны имеют равное право голоса и готовы выслушать друг друга, о чём свидетельствует и целый ряд законов последних лет, принятых американским правительством в отношении автохтонного населения. Даже индейские общественные деятели – Вайн Делориямл., Вайнона Ладьюк, Джон Экохок и др. – в наше время перешли на путь мирного общения и взаимодействия, что приносит свои плоды и позволяет коренному населению возрождать свои культуры. Тем не менее, к сожалению, в реальной жизни индейцам иногда всё ещё приходится сталкиваться с различного рода дискриминацией и притеснениями.

5.1. Положение индейских культур на современном этапе

Сегодня к культурам автохтонного населения Америки по сравнению с предыдущими историческими периодами отношение изменилось, а это значит, что всё, связанное с духовной составляющей жизни племён, может беспрепятственно заявить о себе.

Особого внимания заслуживают индейские языки, ведь язык – важнейшее средство, обеспечивающее сохранение и поддержание культуры. Именно через него раскрываются духовность народа, его мировосприятие, ценностные ориентации, глубинная сущность религиозных представлений, церемоний, ритуалов, обрядов. По оценкам специалистов, на момент прибытия первых европейцев на обоих американских континентах проживало от 15 до 40 млн. человек, говорящих на 1800–2000 языках, 300 из которых приходилось на Северную Америку. Такое разнообразие языков в одном только Западном полушарии уникально[1], причём некоторые из них удивительны по своей структуре. Так, лингвисты относят язык индейцев чиппева, в котором насчитывается около 6000 глагольных форм, к числу самых трудных в мире. К 1995 году в Северной Америке сохранилось около 209 индейских языков[2], часть из которых может относиться к одной и той же языковой группе. Но имеются племена, в которых последними носителями языка является только горстка пожилых людей, с уходом которых из жизни исчезнет и их язык, а следовательно, почти 80% от общего числа современных языков

---

[1] Encyclopedia of North American Indians.
[2] Handbook of North American Indians. Vol. 4. Washington: Smithsonian Institution, 1988.

североамериканских индейцев канет в Лету... Ситуация осложняется и тем, что эти языки не имели письменности. Например, письменность на языке чероки, разработанная и введённая членом их племени Секвойей, появилась только в 1821 году и явилась первой неевропейской письменностью, получившей распространение среди индейцев и метисов. В США самый распространённый на сегодняшний день индейский язык — навахо, на котором говорит примерно 150 тыс. человек[1].

Для сохранения коренных языков к концу XX века появился целый ряд программ: специальные языковые курсы в племенах, языковые лагеря, преподавание языков в университетах и колледжах, а в некоторых вузах — даже преподавание отдельных предметов для аборигенного населения на родном для него языке. В 1978 году был образован Институт развития языков американских индейцев (AILDI), ставящий своей целью «защищать права аборигенных языков и обеспечивать лингвистическое и культурное разнообразие»[2]. В рейтинге Министерства образования США среди программ по подготовке педагогических кадров из рядов меньшинств этот институт вошёл в десятку лучших по стране[3].

Современное американское законодательство в отличие от начала прошлого века — периода школ-интернатов — активно поддерживает сохранение языкового наследия индейцев. 30 октября 1990 года вышел Акт о языках коренных американцев (Native American Languages Act), в котором Конгресс подчеркнул, что «статус [их] культур и языков... является уникальным, и Соединённые Штаты ответственны за взаимодействие с коренными американцами для обеспечения выживания этих уникальных культур и языков», т.к. «традиционные язык... [индейцев] — неотъемлемая часть их культур и индивидуальности, а также основная форма передачи, и, следовательно, выживания... [их] культур, литератур, историй, религий, политических институтов и ценностей»[4]. Наравне с обучением индейцев родному языку и включением последнего в университетские программы предпринимаются и другие шаги. Например, амери-

---

[1] Encyclopedia of North American Indians.
[2] Сайт American Indian Languages Development Institute (AILDI).
[3] Ibid.
[4] Native American Languages Act of 1990. P.L. 101–477; October 30, 1990.

канская Ассоциация современных языков весной 2005 года приняла решение о поощрении глубокого изучения индейских языков лингвистами с последующим составлением словарей, грамматик и других учебных материалов, помогающих в их преподавании.

Однако для коренных американцев ситуация начала меняться в лучшую сторону только чуть более четверти века назад, и это относится ко всем составляющим их культуры. Так, любые проявления верований аборигенов, как и в случае с индейскими языками, долгое время подавлялись, хотя они тесно переплетаются с общественной и политической жизнью племён. Несмотря на то что даже в период начала колонизации, когда христианские настроения в американском обществе были особенно сильны, изредка встречались отдельные миссионеры, уважавшие национальную культуру и старавшиеся не заместить религию коренных американцев христианством, а найти какой-то компромисс, но это было скорее исключением, чем правилом. Ещё в 1620 году испанская инквизиция объявила используемый многими коренными американцами в ритуальных целях пейотль[1] «дьявольским» и запретила его употребление. Несмотря на постоянные запреты, традиции пейотизма как неотъемлемая часть многих аборигенных культур Северной Америки сохранялись и кое-где стали даже процветать. 1880-е годы отмечены появлением среди индейцев пророков, таких, например, как Вовока из племени северных пайютов, который основал религиозное движение Пляска духов (Ghost Dance). Причинами послужили духовные поиски выхода из сложившейся ситуации, попытка противостояния жестокостям колонизации, эпидемиям новых завезённых на континент болезней, исчезновению животных, на которых коренное население ранее всегда охотилось, т.е. другими словами – попытки «убежать от современных ужасов», традиционно обратившись к «сверхъестественным силам»[2]. Движение Пляска духов хотя и охватило многие племена, однако просуществовало недолго и после резни индейцев в Вундед-Ни в 1890 году практически исчерпало себя, хотя и продолжало проявляться в отдельных местах и в XX веке (Большом Бассейне,

---

[1] Пейотль — молодые отростки кактуса, в которых содержится галлюциноген мескалин.

[2] *Pryce P.* «Keeping the Lakes' Way»: Reburial and Re-creation of a Moral World among an Invisible People. Toronto, etc.: University of Toronto Press, 1999. P. 73.

южных степях и др.). Пейотизм же, в отличие от Пляски духов, остался, вобрав в себя кое-что и из христианства, а в 1918 году была официально учреждена Туземная церковь (Native American Church), базирующаяся как на ритуалах аборигенов, так и на библейских канонах. Сегодня пейотные ритуалы занимают первое место по популярности среди индейцев, а Туземная церковь является самой крупной индейской религиозной организацией[1]. Одновременно с ней на континенте продолжает сосуществовать целый ряд различных религиозных традиций, учений, движений и культов – религия Длинного дома, Пляска духов, Шейкеризм, Вапшати (религия Пера), религия Сновидцев, – уходящих корнями как в далёкое, так и недавнее прошлое, не считая самого христианства. Несмотря на такое разнообразие индейских верований, в большинстве из них можно обнаружить элементы влияния христианства, в результате чего многие современные аборигенные религии являются синкретическими, представляющими собой смешение, неорганическое слияние разнородных элементов, направлений различных культов и религиозных систем, а также нередко упрощёнными – тенденции, которые в силу исторических причин стали характерны практически для всех современных верований на территории США. Что же касается исконных верований коренных американцев, то они, в отличие от всех «преклоняющихся» мировых религий, берут своё начало не от какого-либо события или основателя и являются «продолжающимися». Мир в них рассматривается как непрерывный процесс, а их главная функция – поддерживать баланс в природе и гармонию человечества с ней. Они могут отличаться друг от друга по форме, но их философское содержание, в том числе воззрение на мир и их роль внутри аборигенного общества поразительно схожи. И сегодня во многих племенах можно встретить чисто традиционные индейские культы и религиозные практики, такие как песнопения у навахо, различные, чаще календарные, обряды у пуэбло, обряды инициации у апачей, Пляску Солнца, палатку потения, поиск видения у равнинных и ряда других племён и т.д. Анимизм, шаманизм и тотемизм в XXI веке так же, как и века назад, продолжают оказывать влияние на жизнь автохтонного населения.

Однако американским индейцам пришлось преодолеть множество трудностей и запретов, прежде чем они наконец смогли до-

---

[1] *Fikes J. A.* Brief History of the Native American Church.

биться признания своей веры и возможности её открыто исповедовать. Прекрасный пример тому являет собой и XX век. В начале прошлого столетия Бюро по делам индейцев ввело Код религиозных преступлений (Religious Crimes Code), касающийся индейских племён. Целью кода было прекращение традиционных религиозных практик, в связи с чем запрещалось проведение продолжительных празднований, которые на время отрывали индейцев от других занятий; участников религиозных церемоний в наказание лишали пищи сроком до десяти дней; практикующих шаманов сажали в тюрьму; культовые предметы конфисковывались и уничтожались; для тех, кто всё равно продолжал принимать участие в подобных религиозных мероприятиях, были созданы специальные суды[1]... Формально Код перестал действовать только после выхода Индейского реорганизационного акта в 1934 году, но официально притеснениям был положен конец лишь в 1978 году с появлением Акта о свободе вероисповедания американских индейцев (AIRFA). Однако и этот Акт оказался не вполне эффективным, так как он, с одной стороны, не во всём соответствовал общему законодательству страны, а с другой — не допускал в подобных случаях исключений для аборигенного населения. В связи с этим запрещалось использование во время церемоний и обрядов пейотля и орлиных перьев (так как эти птицы относятся к редким, охраняемым законом видам); индейские заключённые не могли сооружать для себя палатки потения (sweat lodge), в которых проводятся обряды духовного и физического очищения, отращивать длинные волосы и обращаться к шаманам. Но ещё печальнее было то, что священные земли вне территорий резерваций не охранялись[2]. Ещё Л.Н. Гумилёв указывал на тесную связь всех этносов со своим ландшафтом. Как говорят сами индейцы, «Земля — наша мать, вода — дар богов»[3], «отнимите у нас земли — и мы умрём. Умрёт индеец внутри нас»[4].

---

[1] *Garroutte E.M.* Real Indians: Identity and the Survival of Native America. Berkeley, etc.: University of California Press, 2003. P. 188.

[2] *Bordewich F.M.* Killing the White Man's Indian: Reinventing Native Americans at the End of the Twentieth Century. NY: Anchor Books, 1997. P. 220.

[3] «Милый враг». Серия «Подводная одиссея команды Кусто». 1985. (фильм).

[4] Mary Brave Bird: Quotations by Native Americans. James S. Huggins' Refrigerator Door. (http://www.jamesshuggins.com/h/quo1/quotations_native_americans.htm).

Некоторые шаги в отношении предоставления свободы вероисповедания предпринимались и до выхода вышеупомянутого Акта. Например, в 1964 году при Национальном церковном совете «впервые за 350 лет конфессиональной истории в Северной Америке индейцы были приглашены для участия в планировании и оценке миссионерской деятельности среди коренного населения. Ранее исследования проводились над индейцами и для них, но не вместе с ними»[1]. Было предложено назначить индейского руководителя в каждую из конфессий и учредить при них Национальные индейские коллегии, что соответствовало духу уже назревшей к тому времени политики самоопределения.

После выхода Акта о свободе вероисповедания американских индейцев в религиозной сфере имели место и другие события, носившие не столь глобальный, а скорее локальный характер и охватывавшие определённые регионы США. К ним можно отнести «Открытую декларацию племенным советам и традиционным духовным лидерам индейцев и эскимосов тихоокеанского северо-запада», выпущенную в 1987 году христианским духовенством этого региона к празднованию 200-летия американской Конституции, в которой приносились извинения за участие в уничтожении традиционных аборигенных духовных практик, и др. В последние десятилетия все отмечают присутствие так называемого комплекса вины у многих современных американцев из-за всех притеснений, которым по воле их предшественников подвергались индейцы. Возможно, сгладить это чувство помогут такие события, как прошедший с 3 по 10 мая 2006 года семинар «Духовность американских индейцев», на котором несколько индейских старейшин выступили перед религиозными лидерами протестантов, католиков, мусульман, буддистов и иудеев с 16-часовым курсом презентаций о духовной стороне жизни коренных американцев — их религиях, ритуалах и церемониях, ценностях, мироощущении и мировосприятии, что явилось «первым формальным признанием индейских религиозных верований», а также «возможностью... исправить ошибки политики геноцида прошлого»[2].

---

[1] *Grounds R.A., Tinker G.E., Wilkins, D.E.* (Ed.) Native Voices: American Indian Identity and Resistance. Lawrence, Kansas: University Press of Kansas, 2003. P. 190.

[2] Manataka American Indian Council News Blast.

Главным шагом, значительно расширившим законопроект 1978 года, был выход в 1994 году Акта о защите культуры и свободы вероисповедания коренных американцев, защищающий их религиозные практики и священные территории от постороннего вмешательства (за исключением тех редких случаев, когда федеральное правительство сумеет доказать необходимость своего присутствия на такой территории) и разрешающий индейцам, находящимся в тюрьмах, исповедовать свою религию. Входящий в этот Акт билль HR 4230 позволил индейцам использовать пейотль во время религиозных церемоний и защитил их от гонений вследствие его применения. Таким образом, закон 1994 года охватил сразу четыре жизненно важных для аборигенных культур вопроса: защитил права на священные индейские территории, на исповедание своей религии, на получение от Службы природы и рыбного хозяйства орлиных перьев и растений для проведения религиозных обрядов, а также на использование пейотля.

Церемонии как неотъемлемая часть культуры коренных американцев сегодня вновь начинают возрождаться, обретая прежний размах. Но во избежание злоупотребления вышеуказанными правами, порой индейцам приходится предоставлять властям доказательства их действительной принадлежности к племени и причастности к его религиозной жизни, которые призваны предотвратить возможные недоразумения в виде преследований и наказаний за некоторые действия, дозволенные этим Актом только коренным американцам. Главным доказательством выступает процентное содержание индейской крови, практика подсчёта которого уходит корнями в период после Гражданской войны в США (1861–1865 гг.), когда выражения «полукровка» (half-blood) и «чистокровный» (full-blood) вошли в оборот как научные термины. В те годы выгоднее было быть полукровкой, ибо чистокровные индейцы из-за отсутствия или недостаточного присутствия в них «цивилизованной» крови считались «некомпетентными» и вынуждены были полностью полагаться на решения, принимаемые за них специальными агентами; в то же время те, в ком была хоть часть крови евроамериканцев, могли гораздо свободнее распоряжаться собой и своим имуществом, в том числе и землёй[1]. Сейчас существует особый «Сертификат

---

[1] Hitt J. The Newest Indians//The New York Times. Aug. 21, 2005.

степени индейской крови» (C.D.I.B.), попросту называемый «белой картой». Такие удостоверения выдаются только после тщательной проверки племени федеральным агентством и указывают на процентное содержание индейской крови в человеке. Подобные формальности нередко вызывают неприятие со стороны коренного населения, но сегодня они направлены на защиту интересов как американских индейцев в вопросах сохранения их культурных ценностей, так и самого государства в отношении предоставляемых им льгот.

Возможность снова исповедовать свою религию и проводить церемонии способствовала духовному возрождению индейцев, которое можно было наблюдать уже с 1960-х годов – с периода роста их политической активности.

«...начала появляться обновлённая гордость индейским происхождением, и вместе с ней – новый интерес к древней церемониальной жизни народов. То, что было запрятано или практиковалось лишь немногими в удалённых уголках страны, внезапно начало занимать своё место в общественном сознании индейских сообществ в одном народе за другим»[1].

Сегодня вновь открыто проводятся многие религиозные церемонии и обряды, из разных мест и племён люди регулярно съезжаются на традиционные индейские праздники и своего рода фольклорные фестивали пау-вау, и для значительного числа коренных американцев, как и в давние времена, всё это становится привычной частью их жизни. «...Признаки возрождения старых племенных религий видны... даже среди тех индейцев, которые материально и социально приняли условия американской жизни»[2]. Более того, в связи с ростом интереса к аборигенным культурам среди американцев всё чаще на пау-вау и даже некоторых церемониях можно встретить людей неиндейского происхождения. Часть традиционных церемоний сегодня можно было бы даже назвать «показательными», т.е. проводимыми специально для зрителей (конечно же, это не относится к закрытым священным обрядам), что, в свою очередь, помогает желающим больше узнать о ритуальной жизни автохтонного населения, о его обычаях и традициях.

---

[1] *Grounds R.A., Tinker G.E., Wilkins, D.E.* (Ed.) Native Voices: American Indian Identity and Resistance. Lawrence, Kansas: University Press of Kansas, 2003. P. 224.

[2] *Hultkrantz A.* The Religions of the American Indians. Berkeley: University of California Press, 1980. P. 154.

Иногда религиозные верования североамериканских индейцев называют их «мифологией», что, может быть, частично и верно, так как действительно во многом они состоят из мифов и теснейшим образом связанных с ними ритуалов. Однако сами носители этих традиций обычно обижаются на подобное отождествление. Автор придерживается точки зрения тех учёных, которые считают, что «мифология и ритуал — это сердце, это сама жизнь любой аборигенной культуры Северной Америки»[1] и не считает необходимым их разделять. Мифы в культурах индейцев традиционно передавались изустно из поколения в поколение, заключая в себе сакральную информацию, представлялись на церемониях и во время обрядов календарного цикла, вплетались в песни, ритуальные молитвы и песнопения на всех сборах племени, что обеспечивало духовное и физическое выживание. Обряды со зрелищным представлением некоторых мифов совершались для поддержания баланса и гармонии в мире, для продолжения жизни самой общины и всего живого на Земле. Естественно, главную роль во всём это играло Слово, к которому у коренных американцев отмечается особо трепетное отношение. Индеец рождается со всемогущим Словом, из которого соткан весь мир, с историями и песнями, состоящими из него, живёт с ними и с ними умирает. Не случайно в этих культурах существует такое особое явление, как сказительство. Традиционно сказители пользуются большим авторитетом и уважением племени, их рассказам внимают все — от мала до велика, их присутствие издавна считается неотъемлемой частью многих индейских праздников и церемоний.

Для коренных американцев устная традиция — это способ установления отношений между ними самими, их прошлым и между ними и природой. Язык, передающий истории или устную традицию, всегда находил выражение через посредство сказителей, которые передают культурные традиции из одного поколения другому[2].

Сказительство несёт в себе множество функций, основными из которых являются:

- описание всего мироустройства;
- воспроизведение истории племени (чаще в мифах);

---

[1] *Gill S.D., Sullivan I.F.* Dictionary of Native American Mythology. NY — Oxford: Oxford University Press, 1992. Preface.
[2] The Role of Storytelling in Native American Cultures. (http://homepages.uni-tuebingen.de/student/afra.korfmann/story.htm)

- разъяснение происходивших и происходящих событий и явлений;
- жизнеописания конкретных людей;
- сохранение и передача опыта и знаний;
- обрядовая (являющаяся частью ритуала);
- светская (напр., развлекательные истории) и др.

В последнее время сказительство активно возрождается и в хорошем смысле этого слова даже пропагандируется в современных индейских книгах и фильмах. Поэтому, как уже было отмечено выше, для аборигенного населения США очень важен его родной язык. Ведь только зная его, человек сможет осознать содержание песнопений и истинное назначение церемоний, а главное – прочувствовать и понять образ мыслей своего племени, ибо действенная мифология, зародившаяся в тайниках психики, возвращает человека к душе («центру круга») – и всякий, кто с достаточной серьезностью последует за ее путеводными знаками, заново откроет их в самом себе[1].

Именно это и происходит в последние десятилетия со многими молодыми коренными американцами.

Однако, наряду с естественным стремлением обратиться к своим корням у одних, можно наблюдать в обществе некие модные тенденции ко всему индейскому у других, что не имеет никакого отношения к духовному возрождению коренных американцев. Подобная мода не может не встречать резкой критики со стороны индейских традиционалистов. Прежде всего она касается евроамериканцев и европейцев, хотя этим грешат и некоторые аборигены, которые либо соблазнились финансовой выгодой, либо пожелали на этом сделать себе имя, но в любом случае, согласно мнению большинства индейцев, «пошли по неверному пути». Пользуясь повышенным интересом ко всему этническому в наши дни, они предлагают за деньги за короткий срок «обучить» тайным знаниям любого желающего, чуть ли не сделав из него шамана. Но не стоит забывать о том, что любая религия, в том числе и индейская, – не бизнес, а сама жизнь. Для того чтобы действительно стать шаманом, люди проходят трудный путь самосовершенствования в течение десятилетий (если, конечно, они не стали ими вследствие полученного видения или другого подобного акта); к тому же, знания (а передать за определённую

---

[1] *Кэмпбелл Дж.* Мифы, в которых нам жить. Киев: София, 2002. С. 244.

сумму обещают именно их) для коренных американцев являются сакральными, наделяющими человека силой, и поэтому требуют к себе особого отношения и, естественно, не могут быть популяризованы. Вот почему сами индейцы советуют избегать подобных «бизнесменов», презрительно называя их «пластиковыми шаманами» (plastic shamans) или «позорными шаманами» (shame-men), и не попадаться на их уловки.

«О настоящей индейской духовности не рассуждают, ею не делятся с теми, кто не является истинно частью её. Единственный способ познать настоящую индейскую духовность — это стать её частью. Покинуть этот мир и перейти на другую сторону»[1].

Нельзя отрицать, что некоторые племена сами проводят показательные выступления для зрителей, но такой род занятий сродни актёрскому искусству, а не плагиату, ведь в таких церемониях обычно показывается далеко не всё, а лишь малая толика.

Ко второму типу «имитаторов» относят не-индейцев, старающихся подражать настоящим индейцам. Последнее время даже те, у кого в жилах течёт хоть тысячная доля индейской крови, чаще всего называют себя индейцами и гордятся этим, но, по крайней мере, такое поведение имеет под собой хоть какую-то генетическую подоплёку. Однако быть индейцем по крови и ощущать себя им — это не одно и то же. Как в самих Штатах, так и в Европе существуют группы людей, которые отождествляют себя с индейцами: берут себе индейские имена, носят их одежды, следуют их правилам, проводят их обряды и церемонии, облекая всё это в романтизм (например, в России, Германии, Польше, Болгарии...). В XX—XXI вв. такое слепое подражание стало довольно массовым явлением.

Для многих интерес ко всему индейскому может быть оправдан. Он пришёл, видимо, ещё в детстве и юношестве со страниц романов Ф. Купера, М. Рида, Дж.У. Шульца и других писателей и начался с романтических образов благородных индейцев, созданных кинематографом, в первую очередь — голливудскими вестернами и актёром Гойко Митичем в немецких фильмах 1960—1970-х годов. Конечно, во многом эти фильмы, так же, как и большинство произведений художественной литературы, основывались на стереотипах и не раскрывали глубинной сущности индейских культур, однако все они явились мощным толчком и стимулом для тех,

---

[1] *Moore M.* Genocide of the Mind: New Native American Writing. NY: Thunder's Mouth Press/Nation Books, 2003. P. 126.

у кого увлечение этой темой сохранилось на всю жизнь. Часть этих людей серьёзно занялась изучением истории, культуры и жизни американских индейцев, единицы из них впоследствии ушли в академическую индеанистику, посвятив себя исследовательской и просветительской деятельности, однако основная масса подалась в любительскую индеанистику. К последней относятся как реконструкторские движения, цель которых — максимально точно воссоздать отдельные исторические события и/или реалии, экологические движения (environmentalists), стремящиеся отгородиться от цивилизации и, подобно одному из классических образов индейца, сблизиться с природой, так и простое подражание. Некоторые из подражателей пошли дальше, объявляя себя «избранными» и начиная делать на этом имя и/или деньги. Безусловно, истории известны случаи, когда появлялись отдельные индивиды (писатель Дж. У. Шульц, художник Ч. Рассел, мехоторговец Ч. Бент и др.), которых индейцы в виде исключения могли принять в ряды своего племени, но поведение этих людей было совершенно иным: они не кичились своей исключительностью, так как за долгие годы жизни среди индейцев стали близки им по духу, а следовательно, далеки от любых фальсификаций. Один из величайших современных мыслителей — «голос индейской Америки» Вайн Делория-мл. — также указывает на возросший в последние годы интерес ко всему индейскому и, в частности, к индейским религиям, объясняя это отсутствием глубоких эмоциональных переживаний в господствующем христианстве, которое он активно критикует, называя его «религией на издыхании», средством для контроля людей. Многие обращаются к верованиям, ритуалам, обрядам и практикам коренных американцев, что позволяет им почувствовать новизну и «испытать чувство собственной подлинности»[1]. Казалось бы, подобный интерес ко всему индейскому должен был бы поощряться исконными представителями этой культуры как способствующий повышению имиджа коренных американцев, но в действительности мало кто одобряет это. Очень многие лидеры племён категорично высказываются против такого «вторжения».

С «хоббистами», или «нью-эйджерами», или «wannabes», как называют подобных подражателей, коренные американцы

---

[1] *Grounds R.A., Tinker G.E., Wilkins, D.E.* (Ed.) Native Voices: American Indian Identity and Resistance. Lawrence, Kansas: University Press of Kansas, 2003. P. 321.

ничего поделать не могут, как только обвинять их в «краже» культуры, осквернении священных ритуалов, пародировании. Индейцы во многом очень щепетильны: они не позволяют вторгаться в уклад их жизни, не разрешают фотографировать их церемонии, а на некоторые из них и вовсе не допускают посторонних. Писатель Шерман Алекси, яркий представитель современной индейской литературы и «рупор» нового поколения»[1], уличив либералов (т.е. ту группу людей, представители которой чаще всего занимаются подражанием) в нанесении индейцам и их культуре значительного вреда, высказал мнение многих: «Либералы уничтожают нас, все больше становясь похожими на нас, забирая часть нашей культуры... Так мы исчезаем»[2].

Помимо вышеуказанных проблем коренное население постоянно сталкивается и с другим явлением, которое в большинстве случаев его сильно раздражает, — стереотипизацией образа индейца. Многие сходятся во мнении, что это романтизированный стереотип — смуглый простоватый «благородный дикарь» в перьях, понимающий язык природы и животных, раскуривающий трубку мира, на лошади и со своим томагавком выходящий на тропу войны во имя борьбы за справедливость или же мудрый шаман, наделённый сверхъестественной силой, под бой барабана пляшущий в трансе в экзотическом наряде. Возможно, одной из причин глубокого увлечения некоторых людей индеанистикой и явился именно такой стереотип, ведь его создание «способствовало формированию общечеловеческого идеала, воплощённого в заповеди единения с природой, благородства и щедрости, ненасилия и самодостаточности, мудрости и свободы»[3]. Но наряду с этим существует и другой, негативный стереотип — алкоголика, лентяя, разъезжающего на своём стареньком грузовичке-пикапе, живущего на пособие по безработице и деньги от федеральных программ, не платящего налоги и участвующего в постоянных драках. Очевидно, представления первого рода носят культурный, а второго — скорее политический характер, но и то, и другое — стереотипы,

---

[1] *Брушак Дж.* Эпоха возрождения индейского народа//National Geographic (Россия), окт. 2004. С. 94—113.

[2] *Powers A.* Without Reservation.//Village Voice. Oct. 22, 1996. P. 57—58. P. 57.

[3] *Ващенко А. В.* Культура, мифология и фольклор американских индейцев доколониальной эпохи//История литературы США. М.: Наследие, 1997. С. 39—88. С. 86.

которые многие годы навязывались массовой культурой и СМИ. Любые стереотипы не соответствуют реальности, и их необходимо разрушать, что и пытаются в наши дни сделать коренные американцы, проводя в университетах недели и месяцы индейских культур и устраивая специальные ознакомительные мероприятия для всех желающих. Среди индейцев распространено мнение, что неправильная трактовка образа коренных американцев (чаще – собирательного) подрывает их авторитет как нации. В частности, это широко обсуждалось в 1990-е годы в связи с разбирательствами, касающимися названий некоторых американских спортивных команд, использующих популяризированные индейские названия и прозвища («Washington Redskins», «Chief Wahoo», «Braves» и др.). Главная претензия заключалась в том, что подобные стереотипы оскорбляют коренных американцев, создают неверное представление об их культуре и о них самих. Многие организации – Движение американских индейцев, Национальный конгресс американских индейцев и др., в том числе и американские – тогда настояли на запрете использования подобных названий. Данный факт свидетельствует о том, что вопрос о самоидентификации, который последние несколько десятилетий стоит особенно остро в связи с развитием идей мультикультурализма, который «актуализировал проблему сохранения своей культурной идентичности»[1], для индейцев является очень важным, хотя «понятие «чистой» культурной идентичности, угроза которой может исходить как от мультикультурализма, так и от глобализации, рассматривается сегодня чаще всего как миф, не соответствующий современной культурной реальности»[2].

Попытаемся выделить основные проблемы, с которыми сталкивается человек, задаваясь вопросами самоидентификации:

- *биологические*: Какое процентное содержание индейской крови позволяет с полным основанием причислять себя к коренным американцам? Как этот процент соотносится с критериями отдельных племён?
- *юридические*: В каком случае племя признает человека своим членом? Какие требования должны быть для этого соблюдены помимо биологической принадлежности?

---

[1] *Ушанова И.А.* Глобализация и мультикультурализм: пути развития// Вестник Новгородского государственного университета. № 27, 2004.
[2] Там же.

- *социально-экономические*: Как изменится социальный статус индивида? Не столкнётся ли он с какого-либо рода дискриминацией? Принесёт ли признание себя индейцем какие-либо экономические выгоды? Можно ли будет не платить некоторые налоги? Сможет ли он пользоваться дополнительными льготами, получать особые гранты, участвовать в специальных программах?
- *политические*: Откроет ли индейское происхождение перед индивидом новые возможности в политическом участии в жизни страны, штата, племени?
- *этические*: Насколько самоидентификация как американского индейца важна для индивида? Имеет ли он моральное право называться индейцем, не зная своей культуры и языка? и др.

В наши дни своё место среди коренных американцев пытается не только осознать, но и обрести довольно много людей, и ответы на вышеперечисленные вопросы в конечном счёте могут повлиять на их выбор, если таковой ещё не был сделан ранее. В числе стоящих перед выбором и те, кто по каким-либо причинам предпочитал до сих пор скрывать своё происхождение, и те, кто о нём раньше не знал. Среди аборигенного населения сегодня пользуются большой популярностью генеалогические исследования. Даже в сети Интернет существует немало служб, которые помогают людям отыскать свои индейские корни. Это объясняется традицией индейцев знать и чтить своих предков. Если среди них встречались особо почитаемые в своём племени люди, то это было предметом гордости и сразу поднимало потомка в глазах коренных американцев. Однако у некоторых евроамериканцев поиск «своих» индейских предков, зачастую вымышленных, становится идеей-фикс. В. Делория-мл. называет такое стремление «комплексом индейской бабушки» и одной из его причин видит попытку избежать чувства вины за вред и ущерб, причинённые реальными предками этих людей коренным американцам[1].

О современной «престижности» иметь индейские корни свидетельствуют и демографические показатели роста индейского населения в стране за последние десятилетия, что не может быть объяснено только за счёт его естественного прироста. Это обусловлено

---

[1] *Deloria V.*, Jr. Excerpted from Custer Died for Your Sins: An Indian Manifesto. NY, Macmillan, P. 1–27. 1969.

прежде всего «не бумом рождаемости, а тем, что люди стали менять свою этническую принадлежность»[1]. Необходимо также учитывать и изменения формулировок, внесённых американским Бюро переписи населения, которые расширили группу американских индейцев, включив в неё коренных жителей Гавайских островов, а также предоставленную им в 2000 году возможность выбрать более одной национальной принадлежности, на что указывалось в первой главе. Таким образом, цифры говорят сами за себя:

- 1900 год – 237,196 чел.
- 1960 год – 523,591 чел.
- 1980 год – 1,364,033 чел.
- 1990 год – 1,878,285 чел.
- 2000 год – 4,119,301 чел.
- 2002 год – ок. 4,3 млн. чел.

Сегодня эта этническая группа «представляет собой одно из стремительно растущих национальных меньшинств. В период с 1960 по 2000 год она увеличилась более чем на 640%...»[2]. В эти 4 с лишним миллиона входят люди, которые отнесли себя как к категории «Американские индейцы и коренные жители Аляски», так и к категории «Американские индейцы и коренные жители Аляски вместе с другими расами», причём только первая из них включает в себя 2,475,956 человек[3]. Членами племён являются только 3,1 млн, самые многочисленные из которых – чероки, навахо, чокто, черноногие, чиппева, мускоги, апачи и ламби, а на Аляске – тлинкиты.

Как отмечают некоторые учёные, для многих индейцев «национальное самосознание является источником силы, помогающей справиться с американской рутинной повседневностью, которую они видят вокруг»[4]. Джоэйн Нэйджел из Университета Канзаса связывает «этническое возрождение» с тремя факторами, а именно с:

- федеральной индейской политикой;
- американской этнической политикой;
- политической активностью американских индейцев[5].

[1] *Блех Й.* Новые индейцы//Профиль. М., №14, апр. 2006 г. С. 89.

[2] Там же, С. 89.

[3] US Census Bureau.

[4] *Брушак Дж.* Эпоха возрождения индейского народа//National Geographic (Россия), окт. 2004. С. 94–113. С. 109.

[5] *Nagel J.* American Indian ethnic renewal: Politics and the resurgence of identity//American Sociological Review. Washington, 1995, Vol. 60, № 6. P. 947–965. P. 956.

Если вопросы самоидетнификации носят личный характер и поэтому могут сильно варьироваться, то об общем состоянии индейских культур на сегодняшний день у всех исследователей мнение схожее: культурное возрождение они окрестили «индейским ренессансом». С одной стороны, возрождаются сами культуры изнутри и, одновременно, с другой стороны — вновь пробуждается интерес к ним в американском и мировом сообществе. Как уже указывалось выше, проводится целая серия мероприятий, преследующих учебные, исследовательские, ознакомительные и др. цели с тем, чтобы максимально большее количество людей смогло узнать подробнее о коренных американцах. В числе таких мероприятий существует даже отдельный праздник — День американских индейцев, впервые принятый в 1916 году и отмечаемый в разные дни в разных штатах (обычно — либо в четвертую пятницу сентября, либо в День Колумба). В 1990 году президент Дж. Буш-ст. официально назвал ноябрь того же года «Национальным месяцем наследия американских индейцев», и с 1994 года подобные месяцы стали отмечаться ежегодно.

Среди совсем недавних и важных событий следует отметить грандиозное открытие долгожданного Национального музея американских индейцев в Вашингтоне, реорганизованного из находящегося ранее в другой части города, которое состоялось 21 сентября 2004 года. Огромную роль в учреждении этого музея сыграл сенатор и художник Бен Найтхорс Кэмпбелл из племени шайенов — один из очень немногих коренных американцев, входящих в Сенат. На церемонию открытия собрались сотни индейских деятелей литературы и искусства, учёных и простых представителей многих племён со всех территорий Северной, Центральной и Южной Америк. Музей «посвящён сохранению, изучению и демонстрации жизни, языков, литературы, истории и искусств» индейцев[1].

Таким образом, сегодня можно без преувеличения сказать, что, начиная с конца XX века, языки, религиозные верования и индейские культуры в целом обрели шанс на возрождение и, при удачном стечении обстоятельств, — на процветание. Несомненно, случись это раньше — многих потерь, иногда необратимых, удалось бы избежать, но новое направление этно-культурной политики США всячески способствует восстановлению утраченных элементов индейских культур и развитию последних.

---

[1] Сайт National Museum of the American Indian (NMAI).

5.2. Конец XX – начало XXI вв. как эпоха возрождения индейских искусств

Как уже отмечалось ранее, с 1960-х годов началась эпоха возрождения индейских культур, что нашло своё отражение и в расцвете индейского искусства, являющегося формой общественного сознания, специфическим родом духовно-практического освоения мира. Заявили о себе многие писатели, поэты, художники, скульпторы, архитекторы, музыкальные исполнители, актёры, мастера народных промыслов... Произведения индейцев практически всегда можно отличить от других, даже если они выполнены в необычных современных формах. Такие произведения обычно построены на традиционных образах и мотивах или же очень тесно перекликаются с ними. Если это картины, то в них чаще всего присутствуют такие отличительные элементы, как мифологические образы и сюжеты, образы священных мест и животных, предметы быта, используются определённые цветовые гаммы (красный, чёрный, белый, жёлтый, синий) и геометрическое разделение пространства (деление по четырём сторонам света; круг в центре; изображения, образующие замкнутое внешнее кольцо). В музыке широко представлены национальные инструменты, а темы песен обязательно связаны с мифологией, жизнью индейцев и их мировосприятием. Ремесленные изделия – ювелирные украшения, одеяла, керамика, плетёная посуда, корзины – изготавливаются из традиционных материалов. Из-за повышенного спроса на изделия народных промыслов (а также из-за скандала, разгоревшегося во время проведения выставки индейского искусства при Смитсоновском институте в 1982 году, когда часть «мастеров» оказалась на самом деле не-индейцами) в 1990 году Конгресс принял Акт об индейских ремёслах, юридически защищающий эти произведения от подделок и значительно усиливающий действие аналогичного Акта от 1934 года (Indian Arts and Crafts Act).

Современное индейское искусство настолько разнообразно, что представляется необходимым дать хотя бы в общих чертах обзор основных его направлений в творчестве коренных американце.

Литература

Художественная литература как вид искусства возникла на почве устно-поэтического народного творчества. Она хранит, накапливает и передаёт от поколения к поколению эстетические, духовные, нравственные, философские, социальные и др. ценности. Только с приходом на континент европейцев отдельные такие произведения стали ими записываться (первые случаи датируются ещё 1600 годами). Это были и сборники мифов, и речи индейских вождей (например, знаменитая речь вождя Сиэтла 1854-го года), а впоследствии и биографии и рассказы коренных американцев, записанные под диктовку (как ставшее уже классикой произведение «Говорит Чёрный Лось», записанное Д. Нейхардом в 1931 г.). Однако если и появлялись истинно индейские авторы в XVIII − начале XIX вв., такие как Э. Будино, то в те времена это были пока единичные случаи, первые попытки, что уже само по себе ценно. В 1854 году вышла первая книга, написанная американским индейцем Дж.Р. Риджем, − «Жизнь и приключения Хоакина Мурьеты, знаменитого калифорнийского бандита». За ним последовал роман С.Э. Каллаган «Винема», опубликованный в 1891 году. В конце XIX века «Плач краснокожего» (1893) прославил автора − вождя племени потаватоми С. Покагона, за свою жизнь написавшего несколько произведений. С начала XX века в книгах Полин Джонсон (1913) и Скорбящей Голубки (1927) уже стали прослеживаться темы расовых и гендерных отношений. В романах Д.Д. Мэттьюса (1934) и Д'Арси МакНикла (1936) ещё более чётко сформировался вопрос, ставший одним из центральных в индейской литературе, − о судьбе полукровок.

Поворотным моментом для США в культурном и политическом плане стали 1960−1970-е годы. Именно тогда в американском литературоведении и появился термин «этническая литература». В этот период происходил рост самосознания национальных меньшинств, что выражалось в появлении и активной деятельности различных организаций, отстаивающих права человека. Это то время, которое американские критики назвали «Великим пробуждением» (Great Awakening) по отношению к «цветному» населению и «Индейским возрождением» (Indian Renaissance) по отношению к коренным американцам.

«Существенно, что в этот же период в США [наряду с индейской] завершается формирование еще трех литератур − мексикано-американской, афро-американской и азиато-американской. В итоге четыре этнические группы − индейцы, афро-американцы, мексиканцы (чиканос) и азиаты (китайцы, японцы и др.) − обрели в Америке в 1960−1970-е годы в русле mainstream (литературы белого большинства) собственные литературы с яркими, самобытными традициями»[1].

Интересен тот факт, что в вышеуказанные годы процесс формирования этнических литератур приобрёл общемировые масштабы. Ведущие литературоведы сходятся во мнении, что основная их черта как литератур сравнительно молодых – активное обращение авторов к фольклорным традициям, генетическим ядром которых является миф. В мировой художественной литературе прошлого века активная тенденция усиления мифологического начала прослеживается и у «белых» авторов, не говоря уже об индейцах. Эти годы знаменуются появлением романа Н. Скотта Момадэя «Дом, из рассвета сотворённый» (1968), положившего начало индейскому ренессансу в литературе и ставшего стимулом для многих известных сегодня индейских писателей и поэтов – П.Г. Ален, С. Ортиса и других. За него в 1969 году автор был удостоен премии Пулитцера, а за неоценимый вклад в литературу в 1997 году был представлен к Нобелевской премии. Среди других его известных работ следует назвать романы «Путь к Горе Дождей» (1969), «Древнее дитя» (1989) и др.

Спустя почти десять лет после появления первого романа Н.Скотта Момадэя, в 1977 году вышел первый современный индейский роман, созданный женщиной – «Церемония» Л.М. Силко, также оказавший огромное влияние на современную индейскую литературу. Как и в большинстве её последних произведений – «Сказитель» (1981), «Альманах мёртвых» (1991) и др., – в нём органично переплелись элементы западной литературы и индейской народной (племени лагуна пуэбло)[2].

Начало было положено, и, вдохновлённые прекрасными примерами, за Н.С. Момадэем и Л.М. Силко стали появляться индейские писатели и поэты, имена которых приобретали мировую известность и всеобщее признание. Таким авторам, как П. Джонсон, Дж. Уэлч, Дж. Харджо, Дж. Визенор, Л. Эрдридж, Ш. Алекси, Л. Хоган, М. Доррис, Х. Сторм и целому ряду других сегодня посвящены десятки, если не сотни исследовательских работ. Многие писатели нередко одновременно являются и поэтами (Л.М. Силко,

---

[1] *Дмитриева В.Н.* Мифологизм художественного сознания Н. Скотта Момадэя: творчество1960-х годов. Автореф. дисс. на соиск. уч. степ. к. ф. н. М.: 2002. С. 3.

[2] Encyclopedia of North American Indians.

Дж. Харджо), а также художниками (Н.С. Момадэй), кинематографистами (Ш. Алекси) и т.д.

Необходимо отметить своеобразный колорит индейской этнической литературы и очевидное её отличие от других литератур. Темы, идеи, сюжеты, герои, места действия, авторские манера изложения, стиль и даже сам язык произведений, изобилующий словами и выражениями, взятыми из родного языка тех или иных племён, будут красноречиво свидетельствовать о том, что эти художественные творения вышли из-под пера индейских писателей. Они глубинно раскрывают характер, обычаи и нравы, верования, стремления и идеалы коренных американцев. Нельзя не остановиться отдельно на мифах, умело вплетённых в канву произведений, ибо именно этот эпический жанр получил наибольшее развитие в устном народном творчестве индейцев. Способы их передачи весьма разнообразны. Миф может быть представлен в чистом виде или же звучать как пересказ в устах героя, может являть собой синтез собственно мифа и художественного вымысла, а порой передаваться сквозь призму авторского восприятия... Он как сюжет в сюжете, но всегда подчинён главной идее художника и преследует конкретные цели — полнее раскрыть характер литературного героя, понять мотивы его поступков, поисков и переживаний. Вот почему мифы можно с уверенностью назвать одной из важнейших компонент произведений индейских писателей.

Этническая литература отличается тем, что в ней ощущаются взаимосвязь авторского сознания с древними народными этико-философскими представлениями и ценностями, а также единство поэтики произведений и традиций устного народного творчества.

Вместе с тем нельзя не отметить, что общей темой для индейской прозы и поэзии стал протест против «кражи земли, языка, наследия, и такие протесты всегда будут их определяющей характеристикой»[1]. В качестве примера можно взять романы писателей-«первопроходцев» — «Дом, из рассвета сотворённый» Н. Скотта Момадэя и «Церемония» Л.М. Силко. В них очень хорошо представлены тема духовного развития человека через осознание самого себя и своего места в жизни и идея столкновения двух миров и культур — индейцев и евроамериканцев. Главные герои оказываются перед выбором между этими двумя мирами, и, что особо важ-

---

[1] Encyclopedia of North American Indians.

но для нас с точки зрения культуры и этнической литературы, делают его в пользу индейского. Оба писателя проводят своих протагонистов через тернистый путь моральных и физических испытаний и искушений, ставят их в ситуации, всячески затрудняющие окончательный выбор. Но при участии друзей-индейцев, шаманов, под воздействием возникающих видений и т.п. на помощь героям приходит древняя мудрость индейского народа, которая и приводит их к осознанию жизненно важной роли традиций и возвращает в свое племя, где они вновь обретают утраченную гармонию с окружающим миром и самим собой.

Темы, поднимаемые в индейской литературе, во многом перекликаются и с темами других писателей — представителей этнических литератур, в частности, коренных народов Сибири (не случайно литературоведы так часто сравнивают эти два этноса и проводят целый ряд параллелей в их культурах).

Кинематограф

Подобные мотивы прослеживаются и в современных художественных фильмах об индейцах, где герои также постепенно приходят к пониманию необходимости возвращения к истокам своей культуры («Ловец солнца» (1996), «Повелитель легенд» (2003), «Чёрное облако» (2005) и др.). В целом же, большинство фильмов про коренных американцев представляет собой явление массовой культуры с её отличительным признаком — стереотипизацией. С этим, в частности, пытался бороться один из первых индейских актёров второй половины XX века Джей Сильверхиллз, стремясь своей игрой изменить в лучшую сторону неверные представления о коренных американцах. И всё же нередко голливудский образ индейца далёк от реальности, даже если героев играют сами актёры-индейцы (Г. Фармер в «Дороге на Пау-вау» (1982), Г. Грин в «Громовом Сердце» (1992) и др.). Столь популярные вот уже долгие годы вестерны обычно представляют собой плод авторской фантазии, лишь частично основанной на реальных событиях. Даже исторические художественные фильмы про индейцев зачастую грешат искажением действительности, хотя и могут дать общее представление о жизни аборигенного населения в отдельные периоды. Наибольшей точностью, безусловно, отличаются немногочисленные документальные фильмы, которые будут рассмотрены ниже.

Список же художественных кинолент, прямо или косвенно касающихся индейцев, огромен и включает в себя не одну сотню наименований. Пожалуй, одним из самых известных современных фильмов является «Танцующий с Волками» (1990) К. Костнера об истории американского военного времён Гражданской войны, в силу обстоятельств близко познакомившегося с индейцами сиу в Дакоте, которые впоследствии приняли его в своё племя. Это общение привело героя к значительным переменам во взглядах и к принятию мировоззрения сиу. «Танцующий с Волками» получил множество наград и открыл для коренных актёров, сценаристов и консультантов большие возможности, в результате чего последующие фильмы исторически и культурно стали более точными, в них появились диалоги на индейских языках, что можно проследить в «Чёрной рясе» (1991), «Последнем из могикан» (1992), «Джеронимо: Американский герой» (1993) и др. Фильм «Чёрная ряса» реалистично отображает те трудности, с которыми сталкивались как миссионеры, так и многие другие европейцы, кому приходилось иметь дело с коренными американцами. Главный герой, оказавшись миссионером среди племён алгонкинов в Квебеке XVII века, проходит долгий путь внутренних трансформаций, в результате чего сильно сближается с аборигенами и приходит к глубокому осознанию их картины мира, изначально совершенно ему чуждой. В «Последнем из могикан» выступили в роли актёров лидеры Движения американских индейцев Рассел Минс и Дэннис Бэнкс, снявшиеся затем ещё в ряде фильмов, в том числе и про само Движение. К сожалению, иногда хорошие фильмы остаются практически незамеченными, как это случилось, например, с «Индейцем в шкафу» (1995). Известны случаи, когда фильмы вызывают резкую критику, такие, например, как кинолента «Тёмный ветер» (1992) по роману Т. Хиллермана, запрещённая в США из-за протеста правительств племён навахо и хопи. Но в целом индейское течение в кинематографе вызывает со стороны американской и мировой общественности неподдельный интерес и, конечно же, всячески приветствуется.

Отдельно выделяется документальное индейское кино. Обычно «... такие фильмы очень субъективны. В них представлены хорошо обоснованные альтернативные точки зрения, часто игнорируемые американским образованием и массовой культурой. Среди таких тем эти фильмы обсуждают проблемы подавления религиозных традиций коренных американцев, несправедливо-

117

го забора племенных земель, социально-образовательных махинаций американцев, видевших себя друзьями индейцев, с индейскими детьми, а также повествуют о достижениях народов, населявших эту землю до того, как на неё ступил Колумб»[1].

Индейские продюсеры стали заявлять о себе только с 1992 года, когда впервые по каналу NBC был показан документальный фильм главы компании Upstream Productions в Сиэтле индейца из племени мака С.Дж. Осавы «Седьмой огонь» (о борьбе племён за договорные права на рыбную ловлю), а следом за ним – фильм представителя таос пуэбло Д. Рейны «Пережить Колумба» по сценарию С. Ортиса (о взаимоотношениях индейцев пуэбло и европейцев). В том же году был создан Альянс продюсеров – коренных американцев (NAPA). Было положено начало проведению фестивалей индейского кино, первыми из которых в 1994 году стали кинофестиваль «Пляска солнца» с участием начинающих кинематографистов К. Айера и Ш. Алекси и кинофестиваль «Представляя индейцев» в Скоттсдэйле. В последнем участвовали NAPA и индейская художественная организация «Атльатль». Несмотря на то, что индейские режиссёры пока ещё не достаточно громко заявили о себе в большом кинематографе, подобные фестивали теперь проходят регулярно и представляют работы не только коренных американцев, но и других этнических групп из разных стран, как это было в октябре 2005 года на Втором ежегодном фестивале аборигенного кино и искусства в Денвере (штат Колорадо).

Театр

Конец XX века отмечается становлением индейского театра, хотя в этой области коренные американцы заявили о себе ещё раньше – так, наполовину индеанка Мария Талчиефф в середине прошлого века стала «величайшей прима-балериной, когда-либо бывшей в США», и «первой американской балериной, получившей мировую известность»[2]. С 1971 года начали появляться театральные труппы – женская «Бабки-Паучихи»[3] (Spiderwoman

[1] *Ryan J.B.* Listening to Native Americans//Listening: Journal of Religion and Culture, Vol. 31, No.1 Winter 1996 P. 24–36.

[2] *Juettner B.* 100 Native Americans Who Shaped American History. San Mateo, CA: Bluewood Books, 2003. P. 79.

[3] По имени важного персонажа индейских мифов – творца, помощника, учителя ткачества.

Theatre Company) (1975) и «Американских индейцев» (AITC) в Нью-Йорке, «Группа коренных американцев» в Талсе, «Красная земля» (Red Earth) в Сиэтле, «Межплеменной театр Вакикнабе» (1997) и др. Среди известных драматургов следует выделить театральных руководителей Г. Гигемо, Л. Майо, В.С. Йеллоу Роуб-мл., а также сестёр М. и Г. Мигель, много сделавших для того, чтобы индейское сценическое искусство получило развитие. В выступлениях группы «Танцоры Птицы Грома» (Thunderbird Dancers) при помощи традиционных индейских музыки и танцев красочно инсценированы древние сюжеты, почерпнутые из мифов и историй. Встречаются также труппы современного индейского танца, его балетных и сценических вариаций. Что же касается традиционных танцев, то они прекрасно представлены на многочисленных праздниках пау-вау, проводящихся практически круглый год в разных местах по всей территории США. Там же можно услышать и выступления музыкальных коллективов, исполняющих под традиционную музыку песни на индейских языках.

Музыка

Жизнь коренных американцев без музыки представить невозможно. Видимо, это и повлияло на появление в последние десятилетия большого числа групп и отдельных исполнителей, работающих в совершенно разных стилях. Ещё в 1960-е годы наряду с певцами народного стиля П. Скайем и Б. Сент-Мари, приобретшими мировую известность и привлекшими своими песнями всеобщее внимание к проблемам индейцев, широкая аудитория услышала гитариста Дж. Э. Дэвиса, саксофониста Дж. Пеппера и увидела балет одного из наиболее популярных индейских композиторов Л. Балларда «Кошаре» по мотивам мифа племени хопи о Первотворении, а впоследствии познакомилась и с его кантатой «Боги услышат» в исполнении Национального симфонического оркестра. Песни Б. Сент-Мари и Ф. Вестермана стали гимном индейского сопротивления начала 1970-х годов[1]. В 1980-е годы большой популярностью пользовались поэт-песенник и активист ДАИ Дж. Трудел и всё тот же музыкант Дж.Э. Дэвис, выступавшие с барабанщиком и певцом Килтмэном вместе с группой «Bad

---

[1] Encyclopedia of North American Indians.

Dog», а начиная с 1990-х годов оформилось много разных музыкальных стилей, что, соответственно, сказалось и на резком увеличении количества исполнителей. Теперь уже коренными американцами исполнялись и народная музыка (Д. Бони, Ш. Бёрч, П. Ортега, Дж. Шенандоа), и инструментальная (Л. Мартин с группой «Kashtin»), и мелодии индейской флейты (Р.К. Накаи), и рок в сопровождении традиционных инструментов («Red Thunder»), и рэгги в джазовой обработке (Дж. Харджо с «Poetic Justice», Л. Хэнсон, А. Джейкобс, С. Ортис, К. Морин и группа «Atoll»), и хип-хоп с рэпом (Р. Би, Г. Лайтфут, «Улали», «Boyz from the Rez»), и многое другое... Новое звучание обрели традиционные индейские инструменты – флейта, барабан, бубен, погремушка, свисток...

Изобразительное искусство

Повествуя о бурном расцвете различных видов индейского искусства, невозможно умолчать о современных индейских живописи, графике и скульптуре, оформившихся в начале XX века. Об основных мотивах и цветовых гаммах картин аборигенов уже упоминалось выше; все они тесно связаны с многовековыми традициями и индейским культурным наследием. «Стилевым и идейным своеобразием особо выделяются художественные школы пяти культурных регионов континента – Северо-Восточных Лесов, Великих Равнин, Юго-Запада, Северо-Западного Побережья и Юго-Востока»[1].

Об этой стороне творчества коренных американцев мир узнал ещё в начале XX века, когда пять талантливых художников из Оклахомы – Дж. Аучина, С. Аса, Дж. Хокеа, С. Мопопе и М. Тсатоке, известных под названием «Пятёрка кайова», в 1920-е годы получили возможность, путешествуя по миру, представлять свои картины. В середине 1930-х годов в г. Санта-Фе открылся первый проект, активно содействовавший развитию аборигенного изобразительного искусства, – художественная Студия Дороти Данн, имевшая большой успех, благодаря чему в 1962 году она была преобразована в Институт искусства американских ин-

---

[1] *Ващенко А.В.* Современное изобразительное искусство индейцев США и Канады//Индейцы Северной Америки, № 1. М.: Библиотека № 27 ЦАО, 2003. С. 132–135. С. 133.

дейцев (IAIA). Талантливые выпускники этой студии, значительная часть из которых являлась представителями племени навахо, со временем сформировали отдельное направление в живописи – традиционалистское. Несомненно, в становлении искусства аборигенов значительную роль сыграл и образованный ещё в 1935 году Дж. Кольером Совет по индейским ремёслам (IACB). Его председателем в 1971–1995 годы был бывший президент IAIA (в 1967–1978 годы) Ллойд Кива Нью – дизайнер-педагог из племени чероки. Благодаря позитивным изменениям в положении автохтонного населения в США, произошедшим во второй половине XX века, у индейцев, желающих получить хорошее специальное художественное образование, появилась такая возможность, чем многие и воспользовались. Сформировавшись как художники, некоторые из них выступили в качестве педагогов и продолжили делиться секретами мастерства с последующими поколениями, как, например, преподававший в 1964–1969 гг. в Институте искусства американских индейцев Ф. Шольдер; скульптор и инсталлятор Т. Лоуи, ставший первым индейцем, возглавившим художественный факультет в Университете Висконсина в Мэдисоне; художник с мировым именем и профессор Университета Оклахомы Стая Птиц и др. Работы индейских художников в большинстве случаев настолько самобытны, энергетически насыщены и полны смысла, что они привлекают к себе пристальное внимание публики как в Соединённых Штатах, так и далеко за пределами страны. Их авторы постоянно получают приглашения на выставки, завоёвывают престижные награды и премии. В 1954 году пальмовой ветви Французской Академии художеств удостоился Х. Бигей, ставший первым индейским художником, получившим мировое признание и, по определению некоторых исследователей, явившийся «основателем и патриархом современного изобразительного искусства навахо»[1]. Один из важнейших традиционных видов искусства этого племени – ритуальный рисунок песком – выделился в отдельный стиль, а живописец и график К. Би, разработав новую технику, в конце 1980-х годов сформировал его подстиль – художественный рисунок песком. В 1992 году скульптор А. Хаузер также оказался единственным коренным американцем, награждённым Национальной медалью искусств. На популярного по сей день Алана

---

[1] Из интервью с исследователем Д.Н. Поповым.

Хаузера ориентировалось целое поколение мастеров 1960-х годов, а на его сына Боба Хаозуса – поколение 1980–1990-х годов[1].

Хотя само по себе индейское изобразительное искусство является результатом многовекового развития, диапазон современных возможностей в нём очень широк, и среди коренных американцев можно встретить представителей разных жанров – живописцев, графиков, скульпторов, архитекторов, монументалистов, инкрустаторов, лепщиков, инсталляторов, шелкографов... Среди них – художник О. Хоу, «один из первых коренных американцев, соединивших в своих работах традиционные и современные элементы»[2], Р.К. Горман, П. Веларде, Н. Моррисо, Д.П. Брэдли, К. Хаус, К. Тахома, Ж. Ламар, С. Стюарт, Дж. Моррисон, Б. Рид и многие другие.

Сегодня работы индейцев можно увидеть и в их собственных галереях, таких, как Навахо-галерея выдающегося художника Р.К. Гормана в г. Таос (штат Нью-Мексико), которая была открыта в 1968 году. Вообще, весь Юго-Западный культурный регион можно по праву назвать одним из главных центров искусств аборигенов.

Несмотря на существование множества различных тенденций в современном искусстве, в большинстве индейских работ отчётливо проступают традиционные мотивы, что нередко позволяет по ряду изобразительных элементов, присущих племенам определённых культурных регионов (например, Северо-западного побережья, Юго-запада и др.) безошибочно определить, к какому из них принадлежит их автор.

В архитектуре используются традиционные формы построек: кивы – у племён пуэбло, длинного дома – у ирокезов, типи – у племён Великих равнин, вигвама – у индейцев востока и юго-востока Северной Америки, многокомнатных поселений – у пуэбло... Хотя сами эти жилища в основном либо продолжают использоваться в церемониальных или культурных целях, либо являются памятниками архитектуры, их образы постоянно встречаются в живописи, а на стенах домов даже в больших городах можно иногда увидеть красочные росписи, изображающие сцены из жизни индейцев.

---

[1] Encyclopedia of North American Indians.

[2] *Juettner B.* 100 Native Americans Who Shaped American History. San Mateo, CA: Bluewood Books, 2003. P. 74.

Народные промыслы

В настоящее время расцвет переживают и индейские народные промыслы. В связи с огромной популярностью этнического стиля и его широкой пропагандой большим спросом пользуются все предметы индейского традиционного декоративно-прикладного искусства – керамика, ювелирные изделия, вышивки, национальные одежды и аксессуары с использованием бисероплетения и бисерной вышивки, корзины, одеяла навахо, ловушки снов (dreamcatcher), этнические музыкальные инструменты и т.п. Из-за такой востребованности даже дизайнеры одежды и ювелиры стали прибегать к использованию индейских орнаментов, цветовой гаммы, материалов, диктуя новую моду, совмещающую все стили. В погоне за популярностью во многих странах пооткрывались магазины с аутентичной продукцией, якобы изготовленной индейцами, но подлинные произведения ручной работы можно всегда приобрести на ежегодных индейских ярмарках в США, где само государство законодательно защищает от подделок авторские права мастеров.

Некоторые художники, занимающиеся народными промыслами, стали широко известны благодаря оригинальности своих работ. Так, корзины, сплетённые Датсолали ещё в начале XX века с использованием традиционного дизайна, настолько ценятся коллекционерами, что сегодня стоят десятки и сотни тысяч долларов. Роуз Вильямс (навахо) в 1950-е годы стала первым мастером по керамике, чьи работы широко представлены в музеях страны. Её высокие цилиндрические кувшины, как и все индейские гончарные изделия ещё с древнейших времён, слеплены вручную без использования горчарного круга. А влияние на общественность мастера по керамике Нампейо оказалось столь сильным, что этой женщине приписывают возрождение искусства росписи по керамике племени хопи и поднятие его на качественно новый уровень. Среди других выдающихся керамистов можно назвать М. Мартинес, Л. Льюиса, Л. МакКелви, К. Макохрса, Э. Клинга, Л. Вильямса и др. Как и раньше, это ремесло наиболее распространено сегодня среди индейцев племён пуэбло и навахо.

Как уже упоминалось выше, особого расцвета в конце XX века достигло ювелирное дело, став важным финансовым подспорьем для многих племён. Ювелиры используют не только традиционные материалы (серебро, бирюзу, кораллы, перламутр), но и традиционный дизайн – от изображений (фигур животных, спиралей) и геометрических форм (круга, треугольника) до общего вида самих изделий (образов из индейской мифологии – черепахи, горбатого флейтиста Кокопелли, паука и др.).

Такое массовое изготовление широкого спектра ремесленных изделий, предметов быта и культа, напрямую связанных с многовековыми культурой, мифологией и историей индейских племён, свидетельствует как о повышенном в современном мире интересе ко всему этническому, так и в первую очередь о росте самосознания самих коренных американцев, для которых эти изделия стали своеобразными символами возрождения. Одновременно они способствуют и популяризации образов индейцев и их атрибутики (военных головных уборов, боевой раскраски, перьев, ожерелий из кости и т.п.), что у некоторых вызывает, как уже отмечалось выше, двойственное отношение к этому явлению.

Обо всех достижениях в различных областях искусства, а также всех других важных для «Индейской страны» событиях в наши дни всегда можно узнать из СМИ, Интернета и, конечно же, из множества книг. Современные коренные американцы довольно сильно отличаются от созданных обществом стереотипов. Сегодня достаточно зайти в Интернет, чтобы найти ответы на многие ключевые вопросы из их истории и культуры, связаться с советами племён или отдельными индивидами, а также получить из индейских газет (среди наиболее популярных – «The Indian Country Today» и «The Navajo Times») информацию о последних новостях прямо из резерваций.

Обобщая всё вышеизложенное, без преувеличения можно сделать вывод, что сегодня мы являемся свидетелями «индейского ренессанса» во всех сферах жизни американцев – политической, экономической, социальной и культурной. После долгих лет подавления культур племён и произошедшей переоценки ценностей общество с неподдельным интересом обратилось к колоссальному наследию, сохранившемуся благодаря потомкам тех индейцев, которых белый человек сотни лет назад открыл для себя впервые. Разрушая неверные стереотипы, люди стремятся получить более глубокие знания и представления об истории и культуре этих этнических групп.

«Исторические судьбы отдельных индейских культур, как и вся их совокупность в США, продемонстрировали урок духовной выживаемости и способности к адаптации к неблагоприятному окружению, сначала природному, затем в большей степени социокультурному. Более того, они обнаружили поразительную способность к инкорпорированию[1] в свою культуру чужеродных элементов без утраты собственной самобытности»[2].

---

[1] Включению в свой состав, объединению в одно целое.
[2] *Ващенко А.В.* Культура, мифология и фольклор американских индейцев доколониальной эпохи // История литературы США. М.: Наследие, 1997. С. 39–88. С. 86.

§ 6. Перспективы в социокультурном развитии индейцев США глазами самих коренных американцев

Для всесторонней и объективной оценки современного положения коренных американцев и этно-культурной политики США в отношении них автор провёл специализированный социологический опрос среди североамериканских индейцев – первый проект такого рода в России. Чтобы результат оказался наиболее точным, необходимо было получить ответы от максимального количества людей, что позволило бы раскрыть реально существующие проблемы, обнаружить как положительные, так и отрицательные стороны в современной жизни этой группы населения, выявить собственное отношение коренных американцев к происходящему, понять, какие шаги они сами предпринимают для улучшения ситуации, что они воспринимают как препятствие этому и какие предложения они хотели бы внести для повышения своего жизненного уровня. Главной целью исследования было получение информации из первых рук, т.е. мнения самих индейцев по ряду вопросов. Одной из причин, побудивших автора прибегнуть к подобному методу, было стремление сравнить собственные выводы, полученные в результате теоретического и практического изучения настоящей темы, с результатами целевого опроса.

Для достижения цели были поставлены следующие задачи:

- разработать опросник, который включил бы в себя наиболее важные для коренного населения вопросы, касающиеся всех сфер его жизни, – политической, экономической, социальной и культурной;
- максимально широко охватить респондентов по территориальному, возрастному, социальному, образовательному признакам и по роду деятельности;
- получить абсолютно искренние ответы на сформулированные вопросы;
- учесть все мнения, которыми респонденты пожелают поделиться.

Автором был разработан опросник, который с учётом вышеуказанных задач имел следующие характеристики:

- размещение на англоязычном сайте с открытым доступом в сети Интернет;
- соблюдение анонимности;

126

- широкий спектр вопросов с возможностью комментариев к ним;
- дополнительный раздел в конце опросника, отведённый для любых комментариев и предложений, которыми респонденты посчитают нужным поделиться.

Опросник имел формат анкеты с вопросами смешанного типа и состоял из двух неравных частей. В первой части запрашивалась информация о самом респонденте для сбора статистических данных, а также для соотнесения ответов с индивидуальными характеристиками человека – всего 6 вопросов. Вторая часть являлась основной для исследования и состояла из 16 вопросов, касавшихся как личного опыта и предпочтений респондента, так и его мнений о проблемах коренного населения в целом. Формат вопросов из второй части также различался: 10 из них предлагали варианты ответов с неограниченным местом для дополнений (вопросы смешанного типа), а в 6 вопросах респондентов просили самих сформулировать свои ответы (вопросы открытого типа). Вопросов закрытого типа (с заданными вариантами ответов) в обеих частях содержалось всего 12 (3 и 9 соответственно), но во второй части после них также было отведено место для дополнений. В конце всего опросника имелся специальный раздел для идей, предложений и комментариев. По мнению автора, отсутствие ограничений в ответах на вопросы хотя, несомненно, и затруднило обработку результатов, зато позволило получить наиболее полные и обдуманные ответы и не упустить ничего важного, в том числе дополнения в виде комментариев, которые могли не подходить под предложенные варианты, но являться важными для респондента.

При обработке результатов в вопросах открытого и смешанного типов автор разбил варианты ответов на группы по принципу частотности упоминания, вынеся единичные случаи, не попадающие ни в одну из обозначенных групп, в группу «Другое». С содержанием любой анкеты всегда можно ознакомиться подробнее у автора. Полный текст оригинального опросника представлен в Приложении 4.

Опросник был адресован всем индивидам индейского происхождения, проживающим на территории США. Веб-страница, на которой он размещался, открывалась названием темы – «Современные проблемы коренных американцев» – и коротким введением, в котором автор представлялся и объяснял цели своего исследования.

Одной из важных задач был целенаправленный поиск адресатов для рассылки им гиперссылки на веб-страницу с опросником (URL: http://amerindians.siteburg.com/). Были использованы следующие варианты связи с респондентами:

- рассылка по электронным адресам, размещённым непосредственно на индейских сайтах;
- рассылка по электронным адресам, размещённым на сайтах индейских племенных советов, организаций, объединений, газет, коммерческих предприятий и учебных заведений;
- размещение гиперссылки в гостевых книгах индейских сайтов;
- размещение гиперссылки в индейских форумах;
- помощь американских коллег-индеанистов в целевой рассылке внутри страны.

При обращении использовалось стандартное сообщение с краткой информацией об исследовании и просьбой принять в нём участие, а также проинформировать о нём других заинтересованных лиц. Конечно, не каждый человек, получивший такое сообщение, участвовал в опросе, но в то же время некоторые адресаты активно помогали автору, извещая многих своих соплеменников об этом сайте или же предоставляя им готовый опросник.

Основной период исследования охватывал 9 месяцев – с 1 марта по 1 декабря 2005 года, однако единичные анкеты поступали и позже. Ко времени окончания опроса о нём было оповещено более 1000 американских индейцев. Многие воспользовались предоставленной возможностью высказаться и подробно поделились своим мнением с автором настоящей монографии.

Автор сознаёт в полной мере, что выборка носит случайный характер, поэтому не претендует на то, чтобы на её основе строилась репрезентативная модель. К тому же, как и предполагалось, использование сети Интернет наложило определённые ограничения, т.к. не у всех имелся доступ к ней, что значительно сузило целевую группу. Также следует учитывать, что ошибка измерений обратно пропорциональна объёму совокупности, который составил ~0,005% от генеральной, вследствие чего в результатах исследования допускается определённая доля погрешности[1]. В связи с этим наиболее распространены ответы людей молодого и среднего воз-

---

[1] Объём генеральной совокупности (N) – 4 366 000 (кол-во людей индейского происхождения, проживающих в США, по данным Бюро переписи населения США за 2002 год); объём выборочной совокупности (n) – 200.

раста со средним или высоким уровнем доходов, имеющих образование не ниже среднего. Тем не менее встречались и приятные исключения, когда, например, автор получал ответы от пожилых людей, не пользующихся компьютером, напечатанные и высланные их внуками. В целом, по мнению автора, главная цель – панорамное представление мнений американских индейцев об их современном положении в США – была достигнута.

Автор получил 200 заполненных анкет, анализ которых подтвердил необходимость подобных исследований. Результаты социологического опроса представлены ниже в таблице 1, после которой следуют анализ и выводы.

Таблица 1. **Опросник**

Вопросы / Варианты ответов	Процент ответивших
Часть I	
Возраст (средний возраст – 43 года – от 15 до70 лет)	100
Пол	
А. Мужской	38,1
Б. Женский	61,9
Происхождение (племя)	100
Образование	
А. Школа	10,8
Б. Незаконченное высшее	24,2
В. Высшее	19,6
Г. Степень бакалавра	22,2
Д. Степень магистра	16
Е. Докторская степень	7,2
Род деятельности	
Где Вы обычно проживаете?	
А. В резервации	26,3
Б. В городе	52,1
В. То в резервации, то в городе	9,3
Г. Другое	12,4

Вопросы / Варианты ответов	Процент ответивших
Часть II	
1. Как бы Вы охарактеризовали своё финансовое положение?	
1. За чертой бедности	8,2
2. Ниже среднего	16
3. Среднее	40,7
4. Выше среднего	35,1
2. А. Есть ли у Вас близкие друзья-не-индейцы?	
1. Нет	3,6
2. Да, немного	43,8
3. Да, много	52,6
В. Если да, то кто они?	
1. Соседи	8,8
2. Коллеги по работе или сокурсники	47,4
3. Знакомые по другим контактам	40,7
Комментарии	67,5
3. Как Вы предпочитаете проводить свободное время?	
1. С друзьями и/или семьёй	51,5
2. Читаю	26,3
3. Участвую в культурных мероприятиях, церемониях, пау-вау и т.п.	25,3
4. Занимаюсь ремёслами	17
5. Занимаюсь спортом	14,9
6. Гуляю, выбираюсь на природу	14,4
7. Смотрю ТВ, хожу в кино	11,3
8. Работаю в саду или на своей земле	10,8
9. Путешествую	10,8
10. Работаю по дому, готовлю	8,2
11. Учусь, занимаюсь исследованиями	7,7

Вопросы / Варианты ответов	Процент ответивших
12. Охочусь, рыбачу	6,7
13. В Интернете	5,7
14. Участвую в работе индейских организаций, клубов	5,2
15. Играю на музыкальных инструментах или пишу музыку	3,6
16. Пишу	3,6
17. Выбираюсь на вечеринки, в клубы и т.п.	2,6
18. В одиночестве	2,1
19. Другое	18,6
20. Без ответа	2,6
4. Одобряете ли Вы смешанные браки коренных американцев?	
А. Межплеменные	
1. Да	96,9
2. Нет	3,1
Б. С не-индейцами	
1. Да	77,3
2. Нет	22,7
Комментарии	50,5
5. Какую медицину Вы предпочитаете?	
1. Традиционную (евроамериканскую)	19,6
2. Нетрадиционную (индейскую)	12,9
3. Обе	67,5
Комментарии	77,8
6. Подавляется ли сегодня церемониальная жизнь коренных американцев?	
1. Да	74,7
2. Нет	25,3
Комментарии	50,5

Вопросы / Варианты ответов	Процент ответивших
7. Считаете ли Вы, что в Вашем племени хорошо сохраняются традиции, обычаи и церемонии?	
1. Да	75,8
2. Нет	24,2
Комментарии	45,4
8. Стремится ли индейская молодёжь поддерживать свои культурные традиции?	
1. Да	75,8
2. Нет	24,2
Комментарии	43,8
9. Какие формы государственной поддержки наиболее ощутимы для коренных американцев?	
1. Бесплатная медицина	47,9
2. Финансовая помощь многодетным семьям	44,8
3. Образовательные программы	18
4. Финансовая помощь образованию одарённых детей	9,8
5. Поддержка договорных прав	6,7
6. Лучше не зависеть от федерального правительства	6,7
7. Медицинская помощь – требуется	6,2
8. Социальные программы	4,1
9. Лучшие жилищные условия – требуются	3,6
10. Убрать препятствия экономическому развитию – требуется	2,6
11. Никакие	5,2
10. От каких организаций Вы получаете реальную поддержку и помощь?	
1. Американских организаций	32
(Указать)	

Вопросы / Варианты ответов	Процент ответивших
2. Индейских организаций	38,1
(Указать)	
3. От своего племени и друг от друга	17
4. Помогаю сам себе	2,6
5. Ни от каких	13,4
6. Другое	6,2
7. Без ответа	20,6

11. Какие, на Ваш взгляд, наиболее серьёзные проблемы стоят перед коренными американцами в США в наши дни (политические, экономические, социальные, культурные, другие)?

1. Утрачивание культуры и традиций	28,9
2. Злоупотребление наркотиками и/или алкоголем	22,2
3. Проблемы со здоровьем	20,1
4. Образовательные	19,1
5. Дискриминация и/или геноцид	16,5
6. Безработица, плохая подготовка специалистов	13,4
7. Проблемы самоидентификации и/или «синдром двух миров»	13,4
8. Бедность	11,3
9. Утрачивание коренных языков	9,3
10. Препоны на пути экономического развития	9,3
11. Ассимиляция	8,8
12. Угроза индейскому суверенитету	8,2
13. Юридические проблемы	7,7
14. Проблемы с жильём	6,2
15. Неразвитая инфраструктура в резервациях	5,7
16. Нарушение договоров	5,2

Вопросы / Варианты ответов	Процент ответивших
17. Политика современного правительства и Дж. Буша-мл. в отношении коренного населения	5,2
18. Потеря исконных земель	4,6
19. Критерий членства в племенах по процентному содержанию индейской крови	4,1
20. Жизненная пассивность и отсутствие всякой мотивации	3,6
21. Самоубийства	2,6
22. Человеческая жестокость и агрессивность	2,6
23. Стереотипизация	2,6
24. Историческая травма	2,1
25. Экология	1,5
26. Ранняя беременность	1
27. Другое	40,7
12. Как коренные американцы сами стараются разрешить эти проблемы?	
1. Стараются получить хорошее образование	17
2. Возрождают свою культуру	14,4
3. Политически активны	12,9
4. Создают племенные организации, правительства и/или принимают участие в них	10,8
5. Этого надо хотеть, а они не хотят	8,8
6. Создают племенные программы и/или принимают участие в них	8,2
7. Создают индейские предприятия и компании, развивают свой бизнес	7,7
8. Ведут культурно-просветительскую деятельность	7,2
9. Поддерживают свои семьи и помогают друг другу	6,7
10. Занимаются экономическим развитием	6,2

Вопросы / Варианты ответов	Процент ответивших
11. Создают племенные службы здравоохранения	3,6
12. Поддерживают коренные языки	3,6
13. Ведут здоровый образ жизни	3,6
14. Уезжают из резерваций, чтобы найти работу	2,6
15. Другое	39,7
16. Без ответа	16
13. А. Какие законы США помогают в разрешении этих проблем?	
1. Не уверен / не знаю	13,4
2. Никакие	23,7
3. ISDA (индейский суверенитет и/или самоопределение)	12,4
4. IGRA (поддержка игрового бизнеса)	3,1
5. ICWA (социальное обеспечение индейских детей)	3,6
6. AIRFA (свобода вероисповедания)	3,6
7. NAGPRA (репатриация)	3,1
8. Договорные права	9,8
9. NAHASDA (программы по обеспечению жильём)	2,6
10. Другое	21,6
11. Без ответа	26,3
Б. Какие законы США препятствуют разрешению этих проблем?	
1. Не уверен / не знаю	16
2. Никакие	4,1
3. Все	9,8
4. Нарушение договоров	6,7

Вопросы / Варианты ответов	Процент ответивших
5. Деятельность Бюро по делам индейцев	4,6
6. Политика Дж. Буша-мл. в отношении коренного населения	3,6
7. Другое	28,4
8. Без ответа	35,1

14. Какие дополнительные законы были бы полезны для разрешения обозначенных Вами проблем?

1. Не уверен / не знаю	10,8
2. Законы о суверенитете	10,3
3. Внутриплеменные законы	8,2
4. Договоры	8,2
5. Усиление уже имеющихся законов	4,6
6. Изменения в имеющихся законах	4,6
7. Другое	40,2
8. Без ответа	33

15. Считаете ли Вы, что коренные американцы активны в разрешении своих проблем?

1. Да	86,1
2. Нет	13,9
Комментарии	57,2

16. Насколько активны коренные американцы в поддержке учёных, занимающихся исследованием их проблем?

А. В резервациях	
1. Охотно помогают	8,2
2. Могут помочь	23,7
3. Безразличны	25,3
4. Предпочитают не помогать	18,6
5. Против оказания помощи	6,2

Вопросы / Варианты ответов	Процент ответивших
Б. В городах	
1. Охотно помогают	9,3
2. Могут помочь	32,5
3. Безразличны	23,2
4. Предпочитают не помогать	9,8
5. Против оказания помощи	6,7
Комментарии	58,2
Комментарии	68

Количество респондентов составило 200 человек.

Анализ результатов проведённого опроса и выводы

Часть I

1. Средний возраст ответивших — 43 года[1]; самому молодому из них — 15, самым старшим — 70 лет (2 чел.). Основная масса респондентов находится в возрасте от 23 до 60 лет.

2. Чуть больше 1/3 ответивших — мужчины, около 2/3 — женщины[2], однако развёрнутые комментарии встречались как у тех, так и у других.

3. Оказалось представлено более 80 племён[3] из семи культурных регионов США — Субарктики, Северо-Востока, Великого Бассейна, Великих Равнин, Прерий, Юго-Востока, Юго-Запада — причём наибольшее количество откликов пришло от представителей следующих племён и их подгрупп: сиу (18 чел.), чероки (16 чел.), меномини (11 чел.), чиппева (10 чел.), одава (6 чел.) и др., а также от метисов (24 чел.).

---

[1] В генеральной совокупности — ок. 29 лет.

[2] В генеральной совокупности: ~ по 50% в каждой группе.

[3] Всего в США на сегодняшний день проживает более 800 племён, включающих от всего одного до нескольких сотен тысяч человек. Самые многочисленные племена — чероки, навахо, чокто, сиу, чипеева и др.

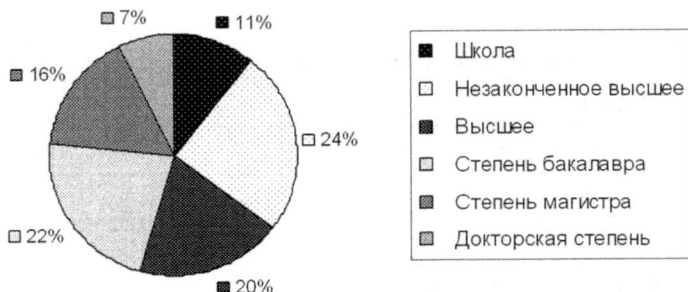

Схема 1. Образование респондентов

4. Респонденты получили различное образование – от средней школы до аспирантуры (см. схему 1), причем, несмотря на то, что 35,3% так и не имеют высшего образования, немалый процент – 7,3 % являются обладателями степени доктора наук. Также стоит учесть, что часть опрошенных на момент анкетирования являлась студентами, следовательно, спустя некоторое время они должны попасть как минимум в группу «Высшее образование», что ещё увеличит имеющееся количество (64,9%) респондентов с высшим образованием.

5. Очень широким оказался спектр рода деятельности ответивших – от студентов до профессоров университетов и исследователей, от домохозяек до вождей племён и членов племенных правительств/советов, от ремесленников до бизнесменов. Эти показатели означают, что сегодня практически каждый коренной американец имеет возможность найти себе работу в соответствии с желанием и полученным образованием в любой сфере, что ещё в середине прошлого века было практически невозможно.

6. Большинство респондентов проживает в городах – 52,3% в отличие от 25,9%, осевших в резервациях[1], что подтверждает всё возрастающую тенденцию к урбанизации, и всё же некоторые из них, даже имея возможность обосноваться в городе, продолжают поддерживать тесную связь со своими резервациями – 9,3%. Среди других вариантов были указаны частные дома, чаще в уединённых местах – в горах, лесу, на ферме и т.п. (См. схему 2).

---

[1] В генеральной совокупности – 64 и 34% соответственно.

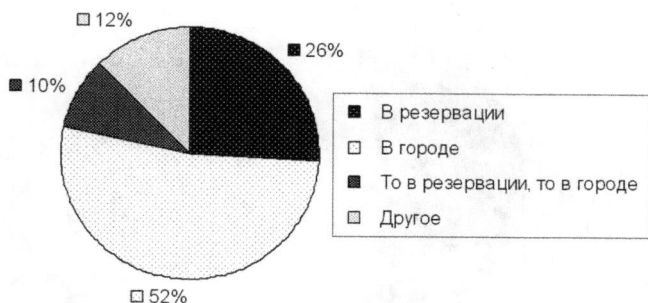

Схема 2. Проживание респондентов

Часть II

1. Вопреки официальной статистике, лишь 7,8% ответивших охарактеризовали своё финансовое положение на уровне или за чертой бедности и 16,1% — ниже среднего (итого 23,9%)[1], в то время как 76,1% считают его средним или выше среднего (см. схему 3). Автор считает, что реальные показатели будут отличаться в сторону увеличения количества людей со средним достатком или ниже, объясняя это тем, что у малообеспеченной категории коренных американцев было меньше возможностей участвовать в опросе из-за отсутствия доступа к Интернету.

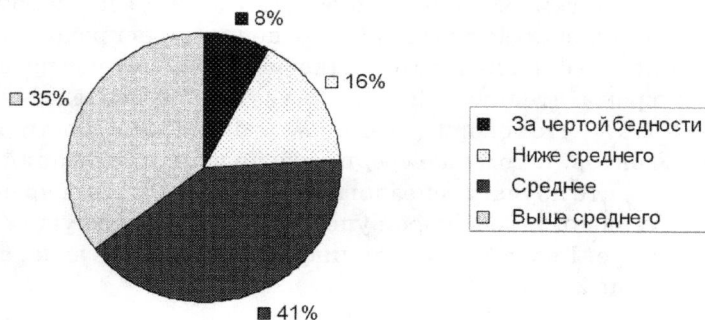

Схема 3. Финансовое положение респондентов

_____

[1] В генеральной совокупности — 25,7%.

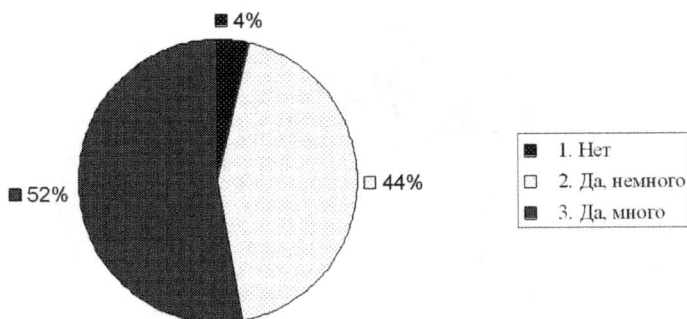

1. Нет	
2. Да, немного	
3. Да, много	

Схема 4. Друзья-не-индейцы

2. Очень приятным оказался тот факт, что подавляющее большинство опрошенных – 98,1% – имеет близких друзей среди представителей других этнических групп: в основном это коллеги по работе, сокурсники и знакомые по другим контактам (см. схему 4).

3. Ответы на вопрос о том, как коренные американцы предпочитают проводить свободное время, подтвердили мысль автора об их тесной связи со своими культурными традициями: 24,9% регулярно участвуют в церемониях и праздниках пау-вау, 17,1% любят заниматься традиционными ремёслами, 6,7% охотятся и рыбачат, что также является традиционными видами деятельности и т.п. 51,8% стараются проводить максимум времени со своей семьёй, в первую очередь занимаясь воспитанием детей, считая это одной из основных и непреходящих человеческих ценностей. Многие предпочитают посвящать время чтению – 26,4% и учёбе или исследованиям – 7,8%, что говорит о высоком уровне грамотности респондентов. К тому же среди любителей исследований есть и те, кто изучает генеалогию своего рода – это современная тенденция, о которой упоминалось в предыдущем параграфе. Более подробная информация представлена в таблице 2.

Таблица 2. **Свободное времяпрепровождение**

Варианты ответов	Процент ответивших
1. С друзьями и/или семьёй	51,5
2. Читаю	26,3
3. Участвую в культурных мероприятиях, церемониях, пау-вау и т.п.	25,3
4. Занимаюсь ремёслами	17
5. Занимаюсь спортом	14,9
6. Гуляю, выбираюсь на природу	14,4
7. Смотрю ТВ, хожу в кино	11,3
8. Работаю в саду или на своей земле	10,8
9. Путешествую	10,8
10. Работаю по дому, готовлю	8,2
11. Учусь, занимаюсь исследованиями	7,7
12. Охочусь, рыбачу	6,7
13. В Интернете	5,7
14. Участвую в работе индейских организаций, клубов	5,2
15. Играю на музыкальных инструментах или пишу музыку	3,6
16. Пишу	3,6
17. Выбираюсь на вечеринки, в клубы и т.п.	2,6
18. В одиночестве	2,1
19. Другое	18,6
20. Без ответа	2,6

4. В среде национальных меньшинств всегда актуален вопрос браков с представителями других этносов, что для большинства индейцев не является проблемой, если супруг(а) из другого племени – 96,9%, но уже вызывает большего осуждения тот факт, если он(а) не является коренным(ой) американцем(кой) – 22,7% против. Многие

объяснили такое отношение тем, что «кровь не должна смешиваться», т.к. если это будет происходить, «настоящих индейцев будет становиться всё меньше и меньше», а это ещё и вопрос членства в племенах (из-за критериев по процентному содержанию индейской крови). Значительная часть высказавшихся за смешанные браки пояснила свой выбор тем, что они либо сами состоят (состояли) в них, либо «являются их результатом».

5. В вопросе о предпочтениях в выборе медицинских услуг большинство респондентов подтвердило факт значительной адаптации к евроамериканскому образу жизни, прибегая к помощи как традиционной, так и нетрадиционной медицины. Однако даже выбравшие этот вариант ответа иногда комментировали, что во многих случаях всё же обращаются за помощью к нетрадиционной (индейской) медицине. Исключительно последнюю выбрало 13%. (Во избежание путаницы в этом вопросе автору в анкете пришлось в скобках пояснить, что он понимает под традиционной и нетрадиционной медициной, т.к. для коренного населения эти понятия являются противоположными общепринятым.) См. схему 5.

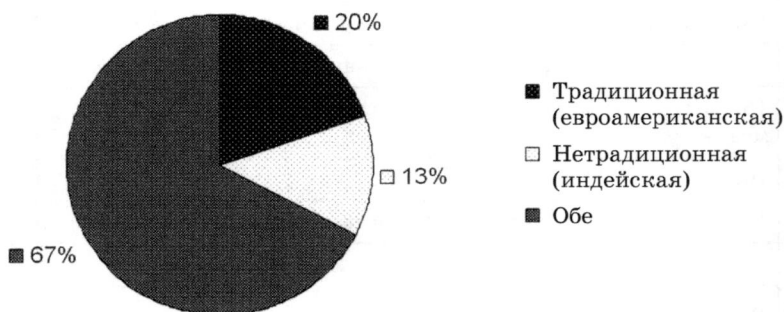

■ 20%

■ Традиционная (евроамериканская)

□ Нетрадиционная (индейская)

■ Обе

□ 13%

■ 67%

Схема 5. Медицина

6. Несмотря на ряд законопроектов, принятых во второй половине XX века, в том числе и Акт о свободе вероисповедания, 74,6% опрошенных всё ещё чувствуют, что их церемониальная жизнь подавляется. Некоторые из них пояснили, что зачастую это связано с повышенным интересом «людей со стороны», не имеющих к этим церемониям и традициям никакого отношения, — так называемых «нью-

эйджеров». Несомненно, это лишь одна из основных причин, среди которых также были указаны притязания неиндейцев на священные земли, на которых обычно проводится большинство церемоний, непонимание окружающих и их нежелание идти навстречу индейцам и др. Только 25,4% из опрошенных посчитали, что их культуре сегодня ничто не угрожает.

7. И всё же полученные данные по следующему вопросу говорят о поддержании и сохранении традиций и обычаев в племенах – 75,6%, хотя 24,4% не считают, что это так, иногда объясняя причину низкой осведомлённостью молодёжи о своей культуре ввиду её непредставленности в школьных программах и слабой заинтересованностью. Часто в комментариях респонденты добавляли, что всё зависит от самого человека – кто-то поддерживает свои традиции независимо ни от чего, а кто-то не чувствует в этом необходимости.

8. Судя по ответам, эта же непредставленность в школьных программах влияет и на отсутствие у части молодых индейцев желания поддерживать культурные традиции своих племён – по мнению 24,4% опрошенных. Однако большинство ответивших – 75,6% отмечает совершенно обратное, что свидетельствует о возрождении индейских культур и на что автор указывал в предыдущем параграфе. Опять-таки, здесь всё зависит от устремлений самого человека.

9. Американское правительство обязалось опекать индейцев, но вопрос о государственной поддержке – довольно сложный, т.к. количество и назначение специализированных «индейских» правительственных программ может варьироваться в зависимости от племени и штата, поэтому автор предложил только три наиболее распространённых, на его взгляд, варианта ответов, предоставив респондентам право расширять этот список любыми другими. Большинство посчитало самыми полезными – бесплатное медицинское обслуживание – 48,2%, программы по финансовой поддержке многодетных семей – 45,1% и образовательные – 18,1%. Но одни из главных черт характера американских индейцев – гордость и свободолюбие – проявились и в обсуждении этой проблемы: 6,2% не хотят быть хоть в чём-то зависимы от государства и его правительства. Более полно результаты представлены в таблице 3.

Таблица 3. **Государственная поддержка**

Варианты ответов	Процент ответивших
1. Бесплатная медицина	47,9
2. Финансовая помощь многодетным семьям	44,8
3. Образовательные программы	18
4. Финансовая помощь образованию одарённых детей	9,8
5. Поддержка договорных прав	6,7
6. Лучше не зависеть от федерального правительства	6,7
7. Медицинская помощь – требуется	6,2
8. Социальные программы	4,1
9. Лучшие жилищные условия – требуются	3,6
10. Убрать препятствия экономическому развитию – требуется	2,6
11. Никакие	5,2

10. Среди организаций и программ, помощь от которых реально ощущает коренное население, были названы следующие:

- американские – Служба индейского здравоохранения и медицинские программы (13 упоминаний), Бюро по делам индейцев (10), федеральное правительство (10), университеты, школы и образовательные программы (6), Министерство жилищного строительства и городского развития (4), экологические объединения (2), Министерство юстиции (2) и др.;

- индейские – племенные образовательные программы (14 упоминаний), Советы американских индейцев в различных городах (9), Национальный совет американских индейцев (4), племенные медицинские программы (4), Национальный жилищный совет американских индейцев (NAIHC) (4), Движение американских индейцев (3), Правовой фонд коренных американцев (2), программы организации «Американские индейцы против злоупотребления алкоголем и наркотиками» (2), племенной бизнес (2) и др.

16,6% респондентов получают помощь только от соплеменников, а 13,5% — вообще не ощущают никакой помощи — либо она слишком незначительна, либо респонденты не обращаются за ней. (См. схему 6)

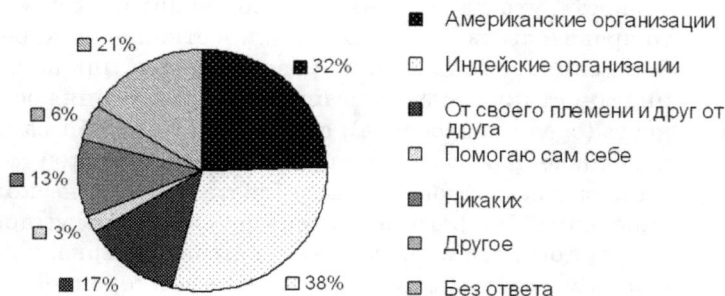

- ■ Американские организации
- ☐ Индейские организации
- ▨ От своего племени и друг от друга
- ☐ Помогаю сам себе
- ▨ Никаких
- ▨ Другое
- ▨ Без ответа

Схема 6. Организации

11. Среди самых важных для автора вопросов был вопрос о наиболее серьёзных проблемах, с которыми коренные американцы сталкиваются сегодня. По ответам можно сделать вывод, что в первую очередь респонденты говорили про ситуацию в резервациях. По степени убывания ответы были следующими: утрачивание культуры и традиций — 28,5%, наркомания и алкоголизм — 22,3%, проблемы со здоровьем — 20,2%, в сфере образования (высокий процент детей, бросающих учёбу, плохое качество образования, неудачные учебные программы и пр.) — 19,2%, дискриминация и/или геноцид[1] — 16,6%, безработица и слабая подготовка специалистов — 13,5%, проблемы самоидентификации и/или «синдром двух миров»[2] (т.е. когда человек «разрывается» между миром индейцев и миром евроамериканцев и не может определить своё место) — 13,5%, бедность — 11,4% и др., в том числе утрачивание коренных языков, жилищные проблемы, препятствия на пути экономического развития, угроза индейскому суверенитету, ассимиляция, юридические проблемы, неразвитая инфраструктура в резервациях, нарушенные договоры, крите-

---

[1] Термин, употребляемый респондентами. В названиях практически всех групп употреблены определения самих индейцев.
[2] Термин автора.

рии членства в племенах по процентному содержанию индейской крови (некоторые респонденты отмечали, что именно эти формальности мешают им стать полноправными членами племени), человеческая жестокость и агрессивность, утрата исконных земель, политика современного правительства и Дж. Буша-мл. в отношении коренного населения, историческая травма (термин, пришедший в индеанистику из психологии), экология, ранняя беременность (среди подростков), стереотипизация образа индейца, жизненная пассивность и отсутствие всякой мотивации, высокий уровень самоубийств и др. В нескольких опросниках встретились очень схожие комментарии по поводу того, что многолетняя политика патернализма с её обилием федеральных программ, всесторонней поддержкой, пособиями по безработице и т.п. настолько «расслабили» и распустили многих индейцев, что они утратили всякое желание и мотивацию работать, как-либо изменять и улучшать свою жизнь, т.к. знают, что даже если они ничего не будут делать — правительство о них позаботится. В результате такое безразличие ко всему вообще и своей судьбе в частности выливается в алкоголизм, безделие, апатию и душевную пассивность. (См. таблицу 4) Практически все вышеуказанные проблемы были отмечены автором в настоящем исследовании, и социологический опрос подтвердил, что они действительно существуют и очень волнуют автохтонное население. Некоторые комментарии были настолько эмоциональны, что ярко свидетельствовали об искренней любви и преданности респондентов своему племени и их сильных переживаниях по поводу тех неприятностей, с которыми ему приходится сталкиваться.

Таблица 4. **Проблемы**

Варианты ответов	Процент ответивших
1. Утрачивание культуры и традиций	28,9
2. Злоупотребление наркотиками и/или алкоголем	22,2
3. Проблемы со здоровьем	20,1

Варианты ответов	Процент ответивших
4. Образовательные	19,1
5. Дискриминация и/или геноцид	16,5
6. Безработица, плохая подготовка специалистов	13,4
7. Проблемы самоидентификации и/или «синдром двух миров»	13,4
8. Бедность	11,3
9. Утрачивание коренных языков	9,3
10. Препоны на пути экономического развития	9,3
11. Человеческая жестокость и агрессивность	8,8
12. Угроза индейскому суверенитету	8,2
13. Юридические проблемы	7,7
14. Ассимиляция	6,2
15. Неразвитая инфраструктура в резервациях	5,7
16. Нарушение договоров	5,2
17. Политика современного правительства и Дж. Буша-мл. в отношении коренного населения	5,2
18. Потеря исконных земель	4,6
19. Критерий членства в племенах по процентному содержанию индейской крови	4,1
20. Жизненная пассивность и отсутствие всякой мотивации	3,6
21. Самоубийства	2,6
22. Проблемы с жильём	2,6
23. Стереотипизация	2,6
24. Историческая травма	2,1
25. Экология	1,5
26. Ранняя беременность	1,0
27. Другое	40,7

12. Возможно, именно поэтому большинство индейцев предпочитает действовать, оказывая посильную помощь в разрешении проблем. В основном они стараются это делать, получая хорошее образование и применяя знания на благо своего народа – 17,1%, возрождая свою культуру – 14,5%, принимая активное участие в политике государства по отношению к коренным американцам – 13%, создавая племенные организации – 10,9% и программы – 8,3%, учреждая индейские предприятия и компании – 7,8%, занимаясь культурно-просветительской деятельностью – 7,3%, поддерживая друг друга и свои семьи – 6,7%, а также другими способами. Однако 8,3% ответивших считают, что индейцы слишком пассивны и ничего не делают для изменения своего положения, объясняя это частично тем, что они привыкли получать различные дотации от государства, расслабились и, в конечном счёте, пришли к мысли об отсутствии необходимости в каких-либо действиях, в том числе и в работе см. таблицу 5.

Таблица 5. **Способы преодоления проблем**

Варианты ответов	Процент ответивших
1. Стараются получить хорошее образование	17,0
2. Возрождают свою культуру	14,4
3. Политически активны	12,9
4. Принимают участие и/или создают племенные организации, правительства	10,8
5. Принимают участие и/или создают племенные программы	8,2
6. Этого надо хотеть, а они не хотят	8,8
7. Создают индейские предприятия и компании, развивают свой бизнес	7,7
8. Ведут культурно-просветительскую деятельность	7,2
9. Поддерживают свои семьи и помогают друг другу	6,7
10. Экономическое развитие	6,2
11. Племенными службами здравоохранения	3,6

Варианты ответов	Процент ответивших
12. Поддерживают коренные языки	3,6
13. Ведут здоровый образ жизни	3,6
14. Уезжают из резерваций, чтобы найти работу	2,6
15. Другое	39,7
16. Без ответа	16,0

13. Конечно, автохтонное население не в состоянии решить все свои проблемы самостоятельно, являясь лишь частью большого государства. Среди законов, помогающих ему в этом, многие респонденты отметили договоры между американским правительством и племенами – 9,8%, Акт об индейском самоопределении (ISDA), предоставляющий возможность самоопределения – 12,4%, Акт о свободе вероисповедания американских индейцев (AIRFA) – 3,6%, Акт о социальном обеспечении индейских детей (ICWA), гарантирующий заботу о них со стороны государства – 3,6%, Акт о защите индейских захоронений и репатриации (NAGPRA), содействующий репатриации человеческих останков и культурных ценностей – 3,1%, Акт о регулировании индейского игорного бизнеса (IGRA), контролирующий работу казино в резервациях – 3,1%, Акт содействия жилищному строительству и самоопределению коренных американцев (NAHASDA), обеспечивающий жилищные субсидии – 2,6% и др. В то же время 23,3% считает, что ни один из американских законов им не помогает (см. таблицу 6).

Таблица 6. **Законы, помогающие в разрешении проблем**

Варианты ответов	Процент ответивших
1. Не уверен / не знаю	13,4
2. Никакие	23,7
3. ISDA (индейский суверенитет и/или самоопределение)	12,4
4. IGRA (поддержка игрового бизнеса)	3,1

Варианты ответов	Процент ответивших
5. ICWA (социальное обеспечение индейских детей)	3,6
6. AIRFA (свобода вероисповедания)	3,6
7. NAGPRA (репатриация)	3,1
8. Договорные права	9,8
9. NAHASDA (программы по обеспечению жильём)	2,6
10. Другое	21,6
11. Без ответа	26,3

Среди противоположных факторов, препятствующих гармоничному развитию, были названы: нарушение американо-индейских договоров – 6,7%, деятельность Бюро по делам индейцев, оторванная от насущных проблем последних – 4,7%, политика Дж. Буша-мл. в отношении коренного населения – 3,6%, а 9,3% опрошенных отнесли к ним и все ныне действующие американские законы. Более подробно информация представлена в таблице 7.

Таблица 7. **Законы, препятствующие разрешению проблем**

Варианты ответов	Процент ответивших
1. Не уверен / не знаю	16,0
2. Никакие	4,1
3. Все	9,8
4. Нарушение договоров	6,7
5. Деятельность Бюро по делам индейцев	4,6
6. Политика Дж. Буша-мл. в отношении коренного населения	3,6
7. Другое	28,4
8. Без ответа	35,1

14. Респондентам было предложено указать возможные законопроекты, которые, по мнению индейцев, оказались бы им очень полезны. Любопытно, но практически все варианты ответов коснулись уже существующих законов. Пожелания заключались в укреплении суверенного статуса индейских племён – 10,4%, возможности жить по законам своего племени – 8,3%, соблюдении правительством США обязательств по договорам – 8,3%, а также усилении действия имеющихся законов либо внесении изменений в них– по 4,7% (см. схему 7.). Это лишний раз подтверждает значимость для коренного населения суверенитета и самоуправления, а также договорных прав, что было подробно описано в §§ 2 и 4.

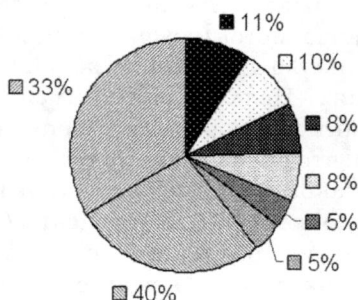

■ Не уверен / не знаю	□	Законы о суверенитете
▨ Внутриплеменные законы	□	Договоры
▨ Усиление уже имеющихся законов	▨	Изменения в имеющихся законах
▨ Другое	▨	Без ответа

Схема 7. Дополнительные законы

15. Согласно опросу, основная часть индейцев делает всё от них зависящее для разрешения проблем, стоящих перед их собратьями – 86,5%, некоторые даже раскрыли в комментариях, что именно предпринимают в этом отношении лично они: знакомят детей племени с их культурой и традициями, ведут культурно-просветительскую работу за пределами резервации, участвуют в различных организациях, программах и специальных мероприятиях и т.п.

16. Автор также хотел узнать, на какую реакцию со стороны коренного населения могут рассчитывать учёные, занимающиеся его изучением (в первую очередь этот вопрос был вызван относительно недавним появлением такого академического предмета, как индеанистика, повышенным интересом к этническим меньшинствам в наши дни, проблемами, связанными с репатриацией человеческих останков и культурных ценностей и др., о чём подробно излагалось в §§ 3, 4 и 5). Результаты подтвердили предположения автора: процент отрицательно настроенных индейцев в резервациях выше (24,9%), чем в городах (16,5%), поэтому в городах охотнее оказывают поддержку исследователям (41,9%), чем в резервациях (32,1%). Это свидетельствует о том, что уже было отмечено выше – большинство индейцев-традиционалистов (обычно именно они не приветствуют вмешательство учёных в их жизнь) сегодня проживает в резервациях. Целая серия комментариев подтвердила ещё и тот факт, что коренные американцы в принципе устали от того, что их постоянно изучают, и что им эти исследования никакой ощутимой пользы не приносят.

В связи с разделением мнений городских (как правило, более американизированных) и резервационных (как правило, более традиционных взглядов) индейцев автор решил сопоставить ответы обеих групп на некоторые из предложенных вопросов, что позволило бы выявить различия в восприятии одних и тех же проблем в зависимости от степени ассимиляции в американское общество. Однако разница оказалась незначительной – в пределах 6–7% за исключением двух вопросов из второй части – № 7 (Считаете ли Вы, что в Вашем племени хорошо сохраняются традиции, обычаи и церемонии?) и № 8 (Старается ли индейская молодёжь поддерживать свои культурные традиции?). Как в первом, так и во втором вопросах процент положительного ответа был выше у жителей резерваций (82% против 72,3% и 80% против 73,3% соответственно), что лишний раз подтверждает тот факт, что индейцы, оторванные от своих племён и резерваций, быстрее теряют связь со своими культурными традициями, чем те, кто постоянно в них обитает.

Отдельно хотелось бы остановиться на заключительных комментариях в конце опросника. Большинство откликнувшихся высказали автору своё одобрение по поводу проводимых исследований и заинтересованность в их результатах, оставив свои координаты для дальнейшего контакта. Наряду с выражениями благодарности за проявленный интерес к их положению и попытку проинформировать о нём общественность, а также пожеланиями удачи содержались советы, дополнительная информация об отдельных племенах, прозвучали просьбы рассказать о современном положении коренных народов Сибири (с которыми так часто сравнивают североамериканских индейцев) и пр. Было и несколько комментариев «недовольных», что связано с описанной выше ситуацией (коренных американцев «уже заизучали до смерти»). Однако в целом проведенная исследовательская работа получила не только положительную, но и высокую оценку самих респондентов. Вместе с тем (что особенно важно!) она предоставила автору бесценную информацию из первых рук. Это помогло ему глубже понять те некоторые проблемы, которые в американском обществе по сей день ещё не утратили своей актуальности, попытаться взглянуть на них глазами индейцев, а также прийти к определённым выводам, подробно изложенным ниже.

Заключение

Из всех государств мира США выделяются своим полиэтничным составом, а внутри Соединённых Штатов среди всех национальных меньшинств, составляющих американское общество, совершенно уникальное положение занимает автохтонное население. С момента начала освоения европейцами североамериканского континента и до наших дней можно наблюдать процессы столкновения традиционной (индейской) и инновационно-технотронной (евроамериканской)[1] культур. С самого начала их общей истории евроамериканцы стремились найти способы наиболее гармоничного взаимодействия с индейцами, пройдя в этнокультурной политике три основных этапа – ассимиляции, «плавильного котла» и культурного плюрализма (мультикультурализма), остановившись на последнем из них как на самом оптимальном и благоприятном для сохранения и возрождения культурных традиций всех ныне существующих этносов, несмотря на постепенно возрастающую критику мультикультурализма. Совершенно очевидно, что полностью избежать аккультурации и ассимиляции коренному населению не удалось, более того, культурная адаптация, приобретая разные формы, продолжается по сей день. Примечательно, что эти явления носят двусторонний характер. И всё же американским индейцам удалось сохранить многие свои традиции и самобытность.

На протяжении столетий государство с целью создания единого американского общества прибегало к различным способам урегулирования наиболее важных вопросов, принимая специальные законы, учреждая организации, запуская программы... Основная законодательная база для современной стадии американо-индейских отношений, оказавшая влияние на все стороны жизни аборигенного населения, в том числе и культурную, была сформулирована уже к середине XX века, хотя фундаментальные принципы американо-индейского законодательства были заложены ещё в конце XVIII – первой половине XIX вв. и продолжают действовать по сей день. Ими являются:

- независимый статус индейских племён и их право на самоуправление;

---

[1] *Галецкий В.* Критическая апология мультикультурализма // Интернет-газета «Трибуна». 14.02.2006.

- отношения правительств индейских племён с правительством США и штатов, в которых они проживают, по принципу «правительства с правительством»;
- доктрина государственной опеки коренного населения.

В наши дни коренное население имеет возможность одновременно пользоваться как всеми преимуществами, предоставляемыми ему суверенным статусом, так и государственной поддержкой, оказываемой по всем направлениям, что в значительной мере помогает в социо-экономическом и культурном развитии резерваций: сегодня некоторые из них, благодаря возможности самоуправления, добились потрясающих результатов. К концу XX века стало активно развиваться индейское предпринимательство, а предложения по обустройству жизни в резервациях всё чаще теперь исходят не от Бюро по делам индейцев и других организаций, а от самих аборигенов, к чему они так долго стремились. Во многом они сумели этого добиться благодаря борьбе за свои права – волне активизма индейцев и акций протеста, прокатившихся по стране в 1960–70-е годы. Можно сделать вывод, что правительство США постаралось максимально учесть ошибки и негативный опыт прошлых лет с тем, чтобы более не допускать их в будущем. В результате государство сегодня активно поддерживает и развивает индейское образование и здравоохранение, охраняет права автохтонного населения, которые распространяются на все сферы жизни, включая свободу вероисповедания и отправления религиозных обрядов и церемоний, репатриацию человеческих останков и культурных ценностей, защиту произведений искусства и традиционных ремесел от подделок и многое другое. На такое положение дел повлиял и рост национального самосознания индейцев, что, начиная со второй половины XX века, незамедлительно проявилось в возрождении и расцвете их культур. Этот период принято называть «индейским ренессансом». Постепенно рушатся неверные представления о коренных американцах и созданные обществом стереотипы, уступая место реальным людям...

Так как культурное развитие национальных меньшинств находится в прямой зависимости от политики государства в отношении них, то следует отметить, что индейскому этническому возрождению положили начало политическая активность американских индейцев, федеральная индейская политика и американская этническая политика[1].

---

[1] *Nagel J.* American Indian ethnic renewal: Politics and the resurgence of identity//American Sociological Review. Washington, 1995, Vol. 60, № 6. P. 947–965. P. 956.

Нынешняя стадия мирного культурного развития очень примечательна для индейцев возвращением к традиционным образу жизни и видам деятельности, к регулярному проведению индейских праздников пау-вау, обрядов и церемоний, к сказительству, к изучению в школах и вузах коренных языков и своей истории, другими словами – к их духовному началу. Благоприятные условия, создаваемые государством в последние десятилетия с целью улучшения жизни коренных американцев и их дальнейшего социокультурного развития, положительно сказались и на демографических показателях. Согласно данным последних переписей населения, повысилась не только рождаемость, но, благодаря уже иной самоидентификации, отличной от той, которая наблюдалась в течение всего постколониального периода вплоть до середины XX века, резко возросло количество людей, относящих себя не к американцам, а к американским индейцам. Сейчас, как и несколько веков назад, происхождение вновь стало для них предметом гордости.

Проведённый автором социологический опрос среди автохтонного населения США также подтвердил, что в целом сегодня мы являемся свидетелями «индейского ренессанса» во всех сферах жизни коненных американцев – политической, экономической, социальной и культурной, хотя целый ряд неразрешённых проблем всё же пока существует.

После долгих лет подавления племенных культур и произошедшей переоценки ценностей общество с неподдельным интересом обратилось к колоссальному наследию североамериканских индейцев. Сегодня индейский этнос всё глубже проникает не только в жизнь самих американцев, но и других народов, населяющих нашу планету. Его бурный расцвет породил из среды коренных американцев целую плеяду талантливейших писателей, поэтов, лингвистов, художников, исполнителей народной музыки, актёров и режиссёров, архитекторов, скульпторов, мастеров народных промыслов и др.

Изучив и проанализировав значительное количество материалов по данной теме, а также проведя собственные социологические исследования, автор пришёл к следующим выводам:

1. Во взаимоотношениях коренных американцев с правительством США за последние десятилетия был, наконец, достигнут диалог, в котором обе стороны теоретически выступают на равных правах, чему в значительной мере способствовали сущест-

венные изменения в американо-индейском законодательстве, а также целый ряд программ (политических, экономических, социальных, образовательных, медицинских, культурных и др.), принятых во второй половине XX – начале XXI в.в. и нацеленных на всестороннюю поддержку автохтонного населения. Однако полное равноправие на практике ещё не достигнуто.

2. Обладая суверенным статусом и правом самоуправления, сегодня индейские племена имеют возможность избирать собственные правительства, создавать свои программы, принимать непосредственное участие в решении важных для них вопросов. Коренные американцы сами отмечают позитивные сдвиги как в этнокультурной политике государства в отношении них, так и в сознании самих индейцев, хотя в то же время указывают на ряд проблем, которые ещё предстоит разрешить в ближайшем будущем.

3. Правительство США сегодня начало активно бороться за сохранение исторического и культурного наследия коренных американцев, и в настоящее время политический курс взят на возрождение индейских культур и расцвет современного индейского искусства, которые, опираясь на древние традиции, обретают в современных условиях новое звучание. Несмотря на это, в результате целого ряда ошибок, допущенных государством в его этно-культурной политике, проводимой вплоть до середины XX века, культуры некоторых племён вследствие их полного исчезновения уже не удастся возродить, как и отдельные элементы культур существующих ныне.

4. К числу особо значимых проблем, касающихся американо-индейских отношений и не потерявших своей актуальности и по сей день, относятся следующие:

4.1. некоторые племена до сих пор не являются федерально признанными, а, следовательно, не обладают определённым статусом, что лишает их ряда прав и преимуществ, которыми обладают другие племена;

4.2. священные земли являются неотъемлемой частью всей духовной и культурной жизни каждого индейца. В ходе колонизации европейцами у многих племён были отобраны исконные территории, и за право распоряжаться ими они продолжают бороться (хотя и мирными способами) до сих пор;

4.3. не всегда своевременно и легко разрешаются споры по вопросам репатриации человеческих останков и предметов культурного наследия;

4.4. вследствие сокращения государственного финансирования многие индейские программы (медицинские, образовательные, жилищные и др.) на данном этапе не имеют возможности развиваться должным образом;

4.5. пока ещё не все образовательные программы представлены с учётом этнических особенностей и пожеланий коренных американцев, хотя тенденция к этому в последние десятилетия наметилась;

4.6. как в резервациях, так и в городах среди индейцев ещё довольно актуальны проблемы алкоголизма, наркомании и безработицы.

Исходя из всего вышеизложенного, можно выделить как ряд проблем, так и целую серию положительных изменений в жизни автохтонного населения и его культур. Динамика развития американо-индейских отношений, а также рост национального самосознания североамериканских индейцев в последние десятилетия позволяют надеяться, что XXI век станет для них Красной тропой[1] и что их культурное и этническое возрождение продолжится.

---

[1] «В индейских автобиографиях XIX-XX веков вожди и шаманы степных племён обосновали традиционное этико-философское понятие Тропы или Красной Дороги как добродетельной жизни в гармонии с миром, людьми и самим собой». (Ващенко, А.В. Тропою души. http://windveter.narod.ru/others04.html)

Источники и литература

1. *Аверкиева, Ю.П.* Индейцы Северной Америки. М.: На-ука, 1974.

2. *Автономов А.С.* Некоторые аспекты правового статуса индейцев в США. // Актуальные проблемы американистики. Горький, 1990. С. 220–227.

3. Америка после Колумба: взаимодействие двух миров. / Ред. Тишков В.А. М.: Наука, 1992.

4. *Арутюнов С.А.* Народы и культуры: развитие и взаимодействие. М., 1989.

5. *Арутюнов С.А.* Этничность – объективная реальность // Этнографическое обозрение. 1995, № 5.

6. *Бауэр В., Дюмоц, И., Головин С.* Энциклопедия символов. М.: КРОН-ПРЕСС, 1995.

7. *Берёзкин Ю.Е.* Мифология аборигенов Америки: результаты статистической обработки ареального распределения мотивов.// История и семиотика индейских культур Америки. М.: Наука, 2002. С. 278–342.

8. Бизнес и коренные народы Севера. Коммерсантъ Social Report. М. № 11. 2006.

9. *Бирлайн, Дж. Ф.* Параллельная мифология. М.: КРОН-ПРЕСС, 1997.

10. *Блех Й.* Новые индейцы. // Профиль. М. № 14. 2006. С. 89.

11. *Бромлей Ю.В.* Очерки теории этноса. М.: Наука, 1983.

12. *Брушак Дж.* Эпоха возрождения индейского народа. // National Geographic (Россия), окт. 2004. С. 94–113.

13. *Ващенко А. В.* Колониальный период: вклад индейской и негритянской культур. На путях к американскому фольклору. // История литературы США. М.: Наследие, 1997. С. 453–462.

14. *Ващенко А.В.* Культура, мифология и фольклор американских индейцев доколониальной эпохи. // История литературы США. М.: Наследие, 1997. С. 39–88.

15. *Ващенко А.В.* Параллельные мотивы в мифологиях коренных народов Северной Америки и Сибири. // Сибирь в панораме тысячелетий (Материалы международного симпозиума). Том 2. Новосибирск: Издательство Ин-та археологии и этнографии СО РАН, 1998. С. 106–114.

16. *Ващенко А.В.* Поэзия революции. Зарождение американской фольклорной традиции. // История литературы США. М.: Наследие, 1997.

17. *Ващенко А.В.* Современное изобразительное искусство индейцев США и Канады. // Индейцы Северной Америки, № 1. М.: Библиотека № 27 ЦАО, 2003. С. 132–135.

18. *Ващенко А.В.* Тропою души. (http://wind-veter.narod. ru/others04.html)

19. *Ващенко А.В.* Что такое индеанистика? // Индейцы Северной Америки, №1. М.: Библиотека № 27 ЦАО, 2003. С. 71–75.

20. *Галецкий В.* Критическая апология мультикультурализма // Интернет-газета «Трибуна». 14.02.2006. (http:// tribuna.com.ua/pda//news/2006/02/14/44666)

21. *Гельб И.Е.* Опыт изучения письма. (Основы грамматологии) М.: Радуга, 1982.

22. *Голан А.* Миф и символ. – 2-е изд. – М.: РУССЛИТ, 1994.

23. *Гумилёв Л.Н.* Этногенез и биосфера Земли. Л., 1989.

24. *Дубровская О.* Древние религии мира. М.: Рипол классик, 2003.

25. *Евтух В.Б.* Историография национальных отношений в США и Канаде (60–70-е годы). Киев: «Наукова думка», 1982.

26. *Жарников А.Е.* Ассимиляторские теории национальных отношений. Основы национальных и федеративных отношений. М.: Изд-во РАГС, 2001.

27. *Жукова И.В.* О современном контексте мультикультурализма в Канаде. М.: Изд-во Моск. гуманит. ун-та, 2004.

28. *Жукова И.В.* Художественная культура современной Канады. М., «Прометей», 2006.

29. *Знаменский А.А.* Самоопределение для коренных американцев: как решают эту проблему в США. // США: Экономика. Политика. Идеология. М., 1993, № 3. С. 42–50.

30. *Знаменский А.А.* Современная американская историография об индейской проблеме в США. // Вопросы историографии внутренней и внешней политики зарубежных стран. Самара, 1991. С. 121–136.

31. *Золотаревская И.А.* Индейское влияние в культуре народов США. // Советская этнография. М., 1962. № 6. С. 55–70.

32. *Золотаревская И.А.* Индейцы – коренное население США. // Национальные процессы в США. М.: Наука, 1973.

33. ИКТОМИ. Историко-этнографический альманах об индейцах и американском фронтире. М., 1994–1996.

34. Индейская Америка: История, культура, искусство, литература (Red Man's America: History, Culture, Arts, Literature), №1. М.: Библиотека №27 ЦАО, 2005.

35. *Каргин А.С.* Задачи современной этнокультурологии: к постановке проблемы. М. (http://www.auditorium.ru/conf/data/3361/kargin.doc?PHPSESSID=c62996f20e708 54b02ee20d31f9ad362)

36. *Картье Ж.* Краткий рассказ о плавании, совершённом к островам Канады, Хошелаге, Сагенею и другим, с описанием нравов, языка и обычаев их жителей. М.: FER, 1999.

37. *Керам К.В.* Первый американец. Загадки индейцев доколумбовой Америки. М.: Вече, 2005.

38. *Котенко Ю.В.* Краткая история Пау-Вау в России. // Иктоми, № 1. М., 1994.

39. *Кэмпбелл Дж.* Мифы, в которых нам жить. Киев: София, 2002.

40. *Ларичева И.П.* Палеоиндейские культуры Северной Америки. Новосибирск: Наука, Сибирское отделение, 1976.

41. *Ле Коадик Р.* Мультикультурализм // Диалоги об идентичности и мультикультурализме. Ред. Е.Филиппова, Р. Ле Коадик. М.: Наука, 2005. (http://www.eawarn.ru/pub/Pubs/DialogueMulticulturalism/02_Multiculturalizm.htm)

42. *Леви-Стросс К.* Первобытное мышление. М.: Республика, 1994.

43. *Литвиненко Д.В.* Способы передачи этнокультурной информации в художественном тексте. // Языковые и культурные контакты различных народов. Сборник материалов Всероссийской научно-методической конференции. Пенза, 2003. С. 148–150.

44. *Лобова В.Ю.* Интеграция культур и национально-культурный компонент в текстах массовой коммуникации. // Языковые и культурные контакты различных народов. Сборник материалов Всероссийской научно-методической конференции. Пенза, 2003. С. 150–152.

45. *Лопуленко Н.А.* Американский опыт урегулирования проблем коренного населения. Исслед. по прикл. и неотлож. этнологии. N 97 М.: РАН. Ин-т этнологии и антропологии, 1996.

46. *Лурье С.В.* Историческая этнология. Мю: Аспект Пресс, 1997.

47. *Майничева А.Ю.* Проблемы этничности и самоидентификации в работах зарубежных авторов: историографический очерк // Эл. журнал «Сибирская Заимка», № 1, 2004. (http://zaimka.ru/01_2004/mainicheva_ethnic/)

48. *Маклюэн М.* Понимание медиа: внешние расширения человека. М.-Жуковский: «Канон-Пресс-Ц», «Кучково Поле», 2003.

49. *Малахов В.* Вызов национальному государству // Pro et Contra. М. Т. 3, 1998, № 2. С. 141–154.

50. *Малахов В.* Культурный плюрализм versus мультикультурализм. // Философско-литературный журнал «Логос». № 5/6 2000 (26). СС. 4–8.

51. *Малахов В.* Скромное обаяние расизма и другие статьи. М.: Дом интеллектуальной книги & Модест Колеров, 2001.

52. *Межуев В.М.* Культура и история. М., 1980.

53. *Момадэй Н.С.* Дух, остающийся жить. М.: Сфера, 1997.

54. *Момадэй Н.С.* Диалоги медведя с Богом. М.: Новый ключ, 2005.

55. *Морган Л.* Древнее общество. Л.: Изд-во Ин-та народов Севера ЦИК СССР, 1934.

56. Национальные процессы в США. М.: Наука, 1973.

57. *Нерсесов Я.* Мифы Центральной и Южной Америк. М.: «Астрель», «АСТ», 2004.

58. *Нерсесов Я.Н.* Тайны Нового Света. М.: «Вече», 2001.

59. *Низамова Л.* Идеология и политика мультикультурализма: потенциал, особенности, значение для России // Гражданское общество в многонациональных и поликонфессиональных регионах. Материалы конференции. Казань. Гендальф, М., 2005. С. 9–30

60. *Овузу Х.* Символы индейцев Северной Америки. М.–СПб.: «ДИЛЯ», 2006.

61. *Откровение Черного Лося.* М.: Сфера, 1997.

62. Сердце в ритме с природой. Произведения коренных народов Крайнего Севера, Дальнего Востока России и коренных народов Северной Америки (в 2 кн.). Сост. А. Ващенко. Кн. 2. – М.: ЛАНТИМ.

63. Современная американская этнография. Ред. *Ефимов А.В., Аверкиева Ю.П.* М.: Изд-во АН СССР, 1963.

64. *Соколов М.М.* К теории постсоветской этничности // Журнал социологии и социальной антропологии. СПб. 1999, № 2 (3).

65. *Стельмах В.Г.,* Тишков, Чешко. Тропою слёз и надежд: книга о современных индейцах США и Канады. М., 1990.

66. *Стингл М.* Краснокожие в борьбе за свободу. Алма-Ата: «Балауса», 1992.

67. *Столбовая Л.В.* Язык и ментальность в культуре нации//Языковые и культурные контакты различных народов. Сборник материалов Всероссийской научно-методической конференции. Пенза, 2003. С. 254–257.

68. *Строители погребальных холмов и обитатели пещер.* Энциклопедия «Исчезнувшие цивилизации». М.: «Терра», 1997.

69. *Стукалин Ю.В.* Наделённые силой: Шаманы и колдуны американских индейцев. М.: Гелеос, 2005.

70. *Стукалин Ю.В.* Хороший день для смерти. М.: Гелеос, 2005.

71. *Тишков В.А.* О природе межэтнического конфликта. // Свободная мысль. М., 1993. № 4.

72. *Тишков В.А.* О феномене этничности. // Этнографическое обозрение. М., 1997. №3.

73. *Токарев С.А.* Ранние формы религии. М.: Издательство политической литературы, 1990.

74. Традиционные культуры Северной Сибири и Северной Америки. М.: Наука, 1981.

75. *Тэлбот С.* Американские обществоведы и «индейский новый курс». // Актуальные проблемы американистики. Горький, 1990. С. 103–121.

76. *Уайт Л.* Избранное: Наука о культуре. М.: «Российская политическая энциклопедия» (РОССПЭН), 2004.

77. *Уайт Л.* Избранное: Эволюция культуры. М.: «Российская политическая энциклопедия» (РОССПЭН), 2004.

78. *Ушанова И.А.* Глобализация и мультикультурализм: пути развития // Вестник Новгородского государственного университета. №27, 2004. (http://admin.novsu.ac.ru/uni/vestnik.nsf/all/B5474AE10A352555C3256F1F0049D1F2/$file/И.А. Ушанова.pdf)

79. *Файнберг Л.А.* Охотники Американского Севера (индейцы и эскимосы). М.: Наука, 1991.

80. *Флиер А.* Культурология для культурологов. М.: Академический проект, 2000.

81. *Франклин Б.* Заметки относительно дикарей Северной Америки. (http://www.first-americans.spb.ru/n2/win/franklin.htm)

82. *Цеханская К.В.* Индейцы в городах США. // Расы и народы. М., 1980, вып.10. С. 73-85.

83. *Чипинова, Н.Ф.* Язык как культурное достояние народа. // Языковые и культурные контакты различных народов. Сборник материалов Всероссийской научно-методической конференции. Пенза, 2003. С. 287–288.

84. *Элиаде М.* Шаманизм. Киев: София, 1998.

85. *Adams D.W.* Education for Extinction – American Indians and the Boarding School Experience 1875–1928. Lawrence, Kansas: University Press of Kansas, 1995.

86. *Alexie Sh.* The Lone Ranger and Tonto Fistfight in Heaven. NY: Harper Perennial, 1993.

87. *American Indians.* (http://www.usdoj.gov/kidspage/crt/indian.htm)

88. *Andreson T.L.* Sovereign Nations or Reservations? An Economic History of American Indians. San Francisco: Pacific Research Institute for Public Policy, 1995.

89. *Anyon R.* Protecting the Past, Protecting the Present: Cultural Resources and American Indians: http://www.cr.nps.gov/seac/protecting/html/5b-anyon.htm.

90. Arizona war memorial sparks row. // BBC News, UK Edition, 17 April 2003.

91. *Babington S.H.* Navajos Gods and Tom-toms. NY: Greenberg, 1950.

92. *Baldwin G.C.* America's Buried Past: The Story of North American Archeology. NY: Putnam, 1962.

93. *Barron M.L.* (Ed.) American Minorities. NY: Alfred A. Knopf, 1957.

94. *Bierhorst J.* (Ed.) The Red Swan. Myths and Tales of the American Indians. NY: Farrar, Straus and Giroux, 1976.

95. *Bierhorst J.* The Mythology of North America. NY: Quill, 1985.

96. *Blackman M.B.* During My Time. Florence Edenshaw Davidson. A Haida Woman. Seattle, Washington: University of Washington Press, 1992.

97. *Bordewich F.M.* Killing the White Man's Indian: Reinventing Native Americans at the End of the Twentieth Century. NY: Anchor Books, 1997.

98. *Brown F.J., Roucek, J.S.* (Ed.) One America. The History, Contributions, and Present Problems of Our Racial and National Minorities. NY: Prentice-Hall, Inc., 1946.

99. *Bruchac J.* Native American Stories. Golden, Colo.: Fulcrum Pub., 1991.

100. *Bush G.W.* National American Indian Heritage Month, 2004 by the President of the United States of America a Proclamation. Nov. 4, 2004. (http://www.whitehouse. gov/news/releases/2004/11/20041104-15.html)

101. *Byrnes P.* Freedom of Whose Religion? // Wilderness. Vol. 58, Fall 1994. P. 27.

102. *Campbell J.* The Power of Myth. NY: Doubleday, 1988.

103. Can Joe Shirley Save the Navajo Economy? // AzBusiness Magazine.Aug-Sept.2006.(http://www.azbusinessmagazine. com/azb/2006/AS06/as06_cs.html)

104. *Carman D.* Vine Deloria Jr. doesn't shrink from controversy // The Denver Post. May 25, 2004. Retrieved May 06, 2005 from http://www.coloradoaim.org/community%20news/ 20040525VineDeloriarefuseDegreefromCU.htm.

105. *Carter L.J.* The Mescalero Option. // Bulletin of the Atomic Scientists. Vol. 50, Sept./Oct. 1994. PP. 11–13.

106. *Cazeneuve J.* Les Dieux dansent à Cibola. Le Shalako des Indiens Zuñi. Paris: Gallimard, 1957.

107. *Chamberlin J.E.* The Harrowing of Eden. White Attitudes toward Native Americans. NY: The Seabury Press, 1975.

108. *Churchill W.* Radicals and radicalism, 1900 to the present // Encyclopedia of North American Indians. Retrieved April 10, 2005 from http://college.hmco.com/history/ readerscomp/naind/html/na_031900_radicalsandr.htm

109. *Churchill W.* Since Predator Came – Notes from the Struggle for American Indian Liberation. Littleton, Colorado: Aigis Publications, 1995.

110. *Cook-Lynn E.* Anti-Indianism in Modern America: A Voice from Tatekeya's Earth. Urbana and Chicago: University of Illinois Press, 2001.

111. Cultural Theft and Misrepresentation. (http://www.hopi.nsn.us/index.htm)

112. *Cunningham K.* American Indians Folk Tales and Legends. Hertfordshire: Wordsworth Editions Limited, 2001.

113. *Curtin J.* Creation Myths of Primitive America. London-Edinburgh: William and Norgate, 1899.

114. *Deloria Ph.J.* Playing Indian. New Haven & London: Yale University Press, 1998.

115. *Deloria V., Jr.* Excerpted from Custer Died for Your Sins: An Indian Manifesto. NY, Macmillan, P. 1–27. 1969. Retrieved May 05, 2005 from http://nativenewsonline.org/natnews.htm.

116. *Deloria V., Jr.* Deloria: Accountability and sovereignty in American Indian education // Indian Country Today. July 28, 2005. Retrieved May 03, 2005 from http://www.indiancountry.com/content.cfm?id=1096411324.

117. *Dunbar L.W.* (Ed.) Minority Report: What Has Happened to Blacks, Hispanics, American Indians, and Other Minorities in the Eighties. NY: Pantheon Books, 1984.

118. *Fikes J.A Brief History of the Native American Church.* (http://www.csp.org/communities/docs/fikes-nac_history.html)

119. *Fost D.* American Indians in the 1990s. // American Demographics. Vol. 13, Dec. 1991. P. 26–34.

120. *Furnivall, J.S.* Colonial Policy and Practice. Cambridge, 1948.

121. *Garroutte E.M.* Real Indians: Identity and the Survival of Native America. Berkeley, etc.: University of California Press, 2003.

122. *Giese P.* The Recognition Process. // Tribes Forced to Prove Existence. (http://www.manataka.org/page240.html)

123. *Gill S.D., Sullivan I.F.* Dictionary of Native American Mythology. NY – Oxford: Oxford University Press, 1992.

124. *Gordon M.M.* Assimilation in American Life: The Role of Race, Religion and National Origins. NY: Oxford University Press, 1964.
125. *Goyal D.R.* The Eagle Democracy. New Delhi: Kalambkar, Prakashan (PVT) Ltd, 1976.
126. *Green L.C.,* Dicason O.P. The Law of the Nations and the New World. Winnipeg, Manitoba, Canada: University of Alberta Press, 1999.
127. *Grinnell G.B.* The Punishment of the Stingy, and Other Indian Stories. University of Nebraska Press, 1982.
128. *Grounds R.A.,* Tinker, G.E., Wilkins, D.E. (Ed.) Native Voices: American Indian Identity and Resistance. Lawrence, Kansas: University Press of Kansas, 2003.
129. *Harding S.* Justifying Repatriation of Native American Cultural Property: http://www.law.indiana.edu/ilj/v72/no3/harding.html, 1997.
130. *Hauger N.N.* Pow Wow And Art Show Honors Native Americans – Labor Day. // Navajo-Hopi Observer. Aug. 15, 2001. (www.navajohopiobserver.com)
131. *Hill R.L.* Scientists Win Kennewick Man Lawsuit. // The Oregonian, July 31, 2002.
132. *Hirst K.K.* The Roots of NAGPRA. // Indigenous Rights // Controversies // Archaeology: http://archaeology.about.com/cs/ethicsandlaw/a/russell.htm.
133. *Hitt J.* The Newest Indians. // The New York Times. Aug. 21, 2005.
134. Horizon: Bones of Contention (BBC): http://www.uiowa.edu/~anthro/reburial/bbcbones.html, Jan. 23, 1995.
135. *Hultkrantz A.* The Religions of the American Indians. Berkeley: University of California Press, 1980.
136. Indian activism. Alcatraz is not an island. ITVC, 2002. Retrieved April 14, 2005 from http://www.pbs.org/itvs/alcatrazisnotanisland/activism.html
137. Indian Oratory: Famous Speeches of Noted Indian Chieftains. Complied by W.C.Vanderwerth. NY: Ballantine Books, 1975.
138. Indian Reservation History. (http://www.accessgenealogy.com/native/tribes/reservations/rezhistory.htm)
139. Indian Reservation. // Wikipedia. (http://www.answers.com/topic/indian-reservation-2)

140. Interior Fact Sheet on FY 1996 BIA Funding. (http://www. dickshovel.com/Biafnd.html)

141. *Jackson E.N., Jr.* and Lyons, R. Perpetuating the Wrong Image of Native Americans. // Journal of Physical Education, Recreation and Dance. Vol. 68 No. 4, Apr. 1997. P. 4–5.

142. *Javits J.K.* Discrimination – USA. NY: Harcourt, Brace and Company, 1960.

143. *Jean T.* Cultural Theft When Honoring and Borrowing One's Cultural Identity Turns into Theivery. // The Native Truth. (http://www.terrijean.com)

144. *Jensen D.* Where the Buffalo Go: How Science Ignores the Living World. An Interview with Vine Deloria by Derrick Jensen // The Sun. July 2000.

145. *Johnson G.* Indian Tribes' Creationists Thwart Archeologists: http://talaya.net/articles.creation.html, Oct. 22, 1996.

146. *Josephy A.M.* Red Power. The American Indian's Fight for Freedom. Lincoln and London: University of Nebraska Press, 1985.

147. *Josephy A.M., Jr.* The Indian Heritage of America. Boston: Houghton Mifflin Company, 1991.

148. *Juettner B.* 100 Native Americans Who Shaped American History. San Mateo, CA: Bluewood Books, 2003.

149. *Kallen H.* Cultural Pluralism and the American Idea. Philadelphia: University of Philadelphia Press, 1956.

150. *Kemnitzer L.S.* Looking forward from way back. For Red Power: 30 Years of American Indian Resistance in the San Francisco Bay Area. Nov. 19, 1999. Retrieved April 18, 2005 from http://www.geocities.com/lakota_culture/redpower. html

151. *Keohane S.* The Reservation Boarding School System in the United States, 1870–1928. (http://www.twofrog.com/rezsch.html)

152. *Kevin Gover, Assistant Secretary-Indian Affairs Department of the Interior at the Ceremony Acknowledging the 175th Anniversary of the Establishment of the Bureau of Indian Affairs, Sept. 8, 2000.* (http://www.twofrog.com/gover. html)

153. *LaDuke W.* Learning from native peoples. // The New American crisis: Radical analyses of the problems facing American today. Ed. Ruggiero, G., Sahulka, S. NY: New Press, 1995 – P. 150–166.

154. *Lawrence J.* The Indian Health Service and the Sterilization of Native American Women. // The American Indian Quarterly, № 24.3 (2000). P. 400–419.
155. *Liberty D.M.* Kennewick Man Was Not Alone! http://www. uiowa.edu/~anthro/reburial/liberty.html. 2004.
156. *Mahalingam R.,* McCarthy C. (Ed.) Multicultural Curriculum – New Directions for Social Theory, Practice, and Policy. NY, London: Routledge, 2000.
157. *Mails Th.E.* The Hopi Survival Kit. The Prophecies, Instructions, and Warnings Revealed by the Last Elders. NY: Penguin Books, 1997.
158. *MariJo M.A conversation with Vine Deloria, Jr.* about evolution, creationism, and other modern myths: a critical inquiry: MariJo Moore asks Sioux author Deloria to shed new light on ancient truths // New Life Journal, Oct. 10, 2003. Retrieved May 05, 2005 from http://www.findarticles.com/p/articles/mi_m0KWZ/is_2_5/ai_110265051.
159. Mary Brave Bird: Quotations by Native Americans. James S. Huggins' Refrigerator Door. Retrieved May 13, 2006 from http://www.jamesshuggins.com/h/quo1/quotations_native_americans.htm
160. *McDonagh E.C., Richards E.S.* Ethnic Relations in the United States. NY: Appleton-Century-Croffs, Inc., 1953.
161. *McGaa Ed.* Mother Earth Spirituality. San Francisco: HarperSanFrancisco (a division of HarperCollinsPublisher s), 1990.
162. *McMaster G., Trafzer C.E.* (Ed.) Native Universe: Voices of Indian America. Washington: Smithsonian Institution, National Museum of the American Indian (The Inaugural Book of the NMAI), 2004.
163. *Meighan C.W.* Burying American Archaeology. // American Anthropology #57, 1992. PP.704-710.
164. *Mihesuah D.A.* American Indians: Stereotypes and Realities. Atlanta: Clarity Press, 2004.
165. *Mintz, S.* The Native American Power Movement. Period: 1960s. // Digital History. Retrieved April 12, 2005 from http://www.digitalhistory.uh.edu/database/article_display.cfm?HHID=387
166. *Momaday N.S.* House Made of Dawn. NY: Signet, 1969.

167. *Moore M.* Genocide of the Mind: New Native American Writing. NY: Thunder's Mouth Press/Nation Books, 2003.
168. *Morell V.* An Anthropological Culture Shift. // Science. Vol. 264, Apr. 1, 1994. P. 20–22.
169. *Muga, D.A.* Native Americans and the Nationalities Question: Premises for a Marxist Approach to Ethnicity and Self-Determination. // Nature, Society, and Thought. Minneapolis, 1987. Vol. 1, № 1. P. 7–26.
170. *Murphey D.D.* The Historic Dispossession of the American Indian: Did it Violate American Ideals? // Journal of Social, Political, and Economic Studies. Washington, 1991. Vol. 16, № 3. P. 347–368.
171. *Nagel, J.* American Indian ethnic renewal: Politics and the resurgence of identity. // American Sociological Review. Washington, 1995, Vol.60, No.6. P. 947–965.
172. Navajo News, 2005-2006.
173. *Nequatewa E.* Truth of a Hopi: Stories Related to the Origin, Myths, and Clan Histories of the Hopi. Flagstaff, AZ: Northland Publishing, 1967.
174. *Nyhan P.* Congressional Quaterly Weekly Report. Vol. 52, 1994.
175. *Pettifor E.* The Reburial Controversy: A General Overview and Exploration of a Method for Resolution of the Ethical Dilemma: http://www.wynja.com/arch/reburial.html, 1995.
176. *Powers A.* Without Reservation. // Village Voice. Oct. 22, 1996. P. 57–58.
177. Proposed cuts would hurt Indian programs. // National Indian Education Association (NIEA). March 23, 2005. (http://www.niea.org/media/news_detail.php?id=13&catid=)
178. *Prucha F.P.* American Indian Treaties: The History of a political anomaly. Berkeley etc.: University of California Press, 1997.
179. *Prucha F.P.* The Indians in American society: From the revolutionary war to the present. Berkeley etc.: University of California Press, 1985.
180. *Pryce P.* «Keeping the Lakes' Way»: Reburial and Re-creation of a Moral World among an Invisible People. Toronto, etc.: University of Toronto Press, 1999.
181. *Richardson B.* The Need to Empower Indian Tribes. // USA Today. Vol. 123, Nov. 1994. P. 54–55.

182. *Ryan J.B.* Listening to Native Americans // Listening: Journal of Religion and Culture, Vol. 31, No.1 Winter 1996 P. 24–36. (http://www.op.org/DomCentral/library/native. htm)

183. *Saxton D., Saxton L.* Legends and Lore of the Papago and Pima Indians. Tucson: The University of Arizona Press, 1973.

184. *Schmidt A.J.* The Menace of Multiculturalism: The Trojan Horse in America. Westport, Connecticut; London & Praeger, 1997.

185. Scientists Protest Kennewick Man Bill. // The Associated Press: http://www.kennewick-man.com/kman/news/story/ 5620552p-5551892c.html. Oct. 1, 2004.

186. Senators question Bush administration's budget cuts. // Indianz.Com. Feb. 17, 2005. (http://www.indianz.com/ News/2005/006587.asp)

187. *Sifuentes E.* Indian welfare programs face state budget cuts. // North Country Times, The Californian. Feb. 7, 2004. (http://www.nctimes.com/articles/2004/02/08/ news/top_stories/2_7_0422_23_02.txt)

188. *Silko L.* M. Ceremony. NY: Signet, 1978.

189. *Silko L.M.* Yellow Woman and the Beauty of the Spirit. Essays on Native Life Today. NY, etc.: Simon&Schuster, 1996.

190. *Slayman A.L.* Reburial Dispute. // Archaeology Online: http://www.archaeology.org/online/news/kennewick. html, Oct. 10, 1996.

191. *Spease G.* Repatriation of Native American Human Remains: http://imca.bravepages.com/articles/ repatriation.htm.

192. *Spencer R.F.* The Native Americans. NY: Harper Collins Publishers, 1977.

193. *Spicer E.H.* A Short History of the Indians of the United States. NY: D. Van Nostrand Company, 1969.

194. Tales of the North American Indians (selected and annotated by S. Thompson). Bloomington: Indiana University Press, 1966.

195. *Tedlock D.* Finding the Center. University of Nebraska Press, 1978.

196. The Kiowa Five. // Jacobson Hourse. Native Art Center. (http://www.jacobsonhouse.com/kiowa.html)

197. The Pollen Path. A Collection of Navajo Myths. Stanford: Stanford University Press, 1956.

198. The Reservation Boarding School System in the United States, 1870–1928. (http://www.twofrog.com/rezsch.html)

199. The Role of Storytelling in Native American Cultures. (http://homepages.uni-tuebingen.de/student/afra.korfmann/story.htm)

200. *Thompson R.* (Ed.) Studying Native America: Problems and Prospects. Wisconsin: University of Wisconsin Press, 1998.

201. *Thornberry P.* The UN Declaration on the Rights of Persons Belonging to National or Ethnic, Religious and Linguistic Minorities: Background, Analyses and Observations. Occasional Paper. London, 1993.

202. *Toqueville A.* Democracy in America. Ed. J.P. Mayer, M.Lerner. NY: Harper and Row, 1966.

203. *Trebay G.* Without Reservation. // Village Voice. Vol. 39, Dec. 20, 1994. P.26.

204. *Underhill R. M.* Singing for Power. The Song Magic of the Papago Indians of Southern Arizona. Berkeley: University of California Press, 1938.

205. *Vanderwerth W.C.* Indian Oratory. Famous Speeches by Noted Indian Chieftains. Oklahoma: University of Oklahoma Press, 1971.

206. *Veber H.* Aboriginal Rights: A Colonial Monstrocity?// Folk. Kobenham, 1985. Vol.27. P.37-48.

207. *Walker J.R.* Lakota Myth. University of Nebraska Press, 1983.

208. *Washburn W.B.* The Indian in America. NY: Harper Colophon Books, 1975.

209. *Washburn W.E.* (Ed.) Handbook of North American Indians. Vol. 4. History of Indian-White Relations. Washington: Smithsonian Institution, 1988.

210. *Waters F.* Book of the Hopi. NY: Penguin Books, 1977.

211. *Wherry J.H.* Indian Masks and Myths of the West. NY: Funk & Wagnalls, 1969.

212. *Zimmerman L.J.* Sharing Control of the Past. // Archaeology № 47, 1994. P. 6.

Справочная литература

1. Большой энциклопедический словарь. (http://www.voliks.ru/)
2. Кононенко, Б.И. Большой толковый словарь по культурологии. М.: Вече – АСТ, 2003.
3. Культурология: XX век. Энциклопедия. СПб: Университетская книга, 1998. (http://www.philosophy.ru/edu/ref/enc/)
4. Мелетинский, Е. М. (Ред.) Мифологический словарь. М.: Советская энциклопедия, 1991.
5. Токарев, С. А. (Ред.) Мифы народов мира. Энциклопедия. М.: Советская энциклопедия, 1991.
6. Encyclopedia of North American Indians. (http://college.hmco.com/history/readerscomp/naind/html/na_000107_entries.htm)
7. Legay, G. Atlas of Indians of North America. NY: Barron's, 1995.
8. Pritzker, B.M. A Native American Encyclopedia. History, Culture, and Peoples. NY: Oxford University Press, 2000.
9. Sturtevant, W. C. (Ed.) Handbook of North American Indians. Vol. 10. Washington: Smithsonian Institution, 1983.
10. The American Indian Heritage Book of Indians. NY, 1961.

Диссертации и авторефераты

1. *Алиева П.Х.* Становление и развитие духовной культуры вайнахов в контексте исторических изменений (X – XIX в.в.). Дисс. на соиск. уч. степ. к. ист. н. М., 2003.
2. *Ашхаманов Р.Х.* Этнокультурная традиция в национальном самосознании адыгов. Дисс. на соиск. уч. степ. к. филос. н. Краснодар, 2003.
3. *Гонгадзе А.А.* Синтез культур в творчестве Рудольфо Анайи (трилогия о людях Ацтлана). Автореф. дисс. на соиск. уч. степ. к. культ. н. М.: 2004.
4. *Дмитриева В.Н.* Мифологизм художественного сознания Н. Скотта Момадэя: творчество1960-х годов. Автореф. дисс. на соиск. уч. степ. к.ф.н. М.: 2002.

5. *Жукова И.В.* Художественная культура современной Канады в контексте политики мультикультурализма (на примере этнопоэзии). Автореф. дисс. на соиск. уч. степ. д. культ. н. М.: 2006.

6. *Кудрин А.В.* Социальные проблемы гармонизации межэтнических отношений в «сложносоставных» субъектах Российской Федерации. Дисс. на соиск. уч. степ. к. соц. н. Пермь, 1999.

7. *Кузьмина А.С.* Христианизация коренных народов Обского Севера: культурологический аспект. Дисс. на соиск. уч. степ. к. культ. н. Нижневартовск, 2003.

8. *Лобанова Е.А.* Этнические и расовые отношения в США: проблемы государственного управления. Ретроспектива и современность. Дисс. на соиск. уч. степ. к. полит. н. М.: 2004.

9. *Семёнова С.А.* Устная традиция в творчестве индейских писателей США (на материале творчества Л.М. Силко и Н. Скотта Момадэя 1960-1980-х годов).). Автореф. дисс. на соиск. уч. степ. к. ф. н. М.: 2005.

10. *Стельмах В.Г.* Индейцы резерваций в современной хозяйственной жизни США. Дисс. на соиск. уч. степ. к. ист. н. М., 1984.

11. *Схатум Б.А.* Конституционно-правовые вопросы защиты прав коренных малочисленных народов в Российской Федерации. Дисс. на соиск. уч. степ. к. юр. н. М.: 2002.

12. *Терентьева-Моралес Л.В.* Общее и особенное в культуре индейских народов Никарагуа: культурологический аспект. Дисс. на соиск. уч. степ. к. культ. н. Краснодар: 2004.

13. *Цеханская К.В.* Индейская проблема в США (60-е – 80-е г.г. XX в.). Дисс. на соиск. уч. степ. к. ист. н. М., 1984.

14. *Чешко С.В.* Этнокультурные процессы в резервациях индейцев США в современный период. Дисс. на соиск. уч. степ. к. ист. н. М., 1986.

Нормативно-правовые акты и документы

1. American Indian Religious Freedom Act Amendments of 1994. P.L. 103-344 [H.R. 4230]; October 6, 1994. (http://mojo.calyx.net/~olsen/RELIGION/airfaa.html)
2. An Act to Provide for the Allotment of Lands in Severalty to Indians on the Various Reservations (General Allotment Act or Dawes Act), Statutes at Large 24, 388-91, NADP Document A1887. (http://www.csusm.edu/nadp/a1887.htm)
3. Archaeological Resources Protection Act of 1979. (http://exchanges.state.gov/culprop/96-95.html)
4. Domestic Violence Act of 1995. (http://www.cab.org.nz/information/Domestic_Violence_Act.html)
5. Federally Recognized Indian Tribes. Federal Register: July 12, 2002 (Volume 67, Number 134). Department of the Interior, Bureau of Indian Affairs. (http://www.artnatam.com/tribes.html)
6. Federally Recognized Native Entities of Alaska. Federal Register: July 12, 2002 (Volume 67, Number 134). Department of the Interior, Bureau of Indian Affairs. (http://www.artnatam.com/alaska.html)
7. Indian Arts and Crafts Act of 1990. Public Law 101-644. Federal Register: October 21, 1996 (Volume 61, Number 204) Department of the Interior, Indian Arts and Crafts Board. (http://www.artnatam.com/law.html)
8. Indian Gaming Regulatory Act. (http://www.nigc.gov/nigc/laws/igra/igra_index.jsp)
9. Indian Reorganization Act, June 18, 1934 (Wheeler-Howard Act) (http://www.infca.org/tribes/IRA.htm)
10. Indian Self-Determination and Education Assistance Act. P.L.93-638.(http://edworkforce.house.gov/publications/eseacomp/indseled.pdf)
11. International Convention on the Elimination of All Forms of Racial Discrimination. March 7, 1966. (http://www.hri.org/docs/ICERD66.html)
12. National Historic Preservation Act of 1966 as amended through 1992. P. L. 102-575. (http://www.cr.nps.gov/local-law/nhpa1966.htm)
13. Native American Free Exercise of Religion Act of 1993. (http://www.lectlaw.com/files/ind03.htm)

14. Native American Graves Protection and Repatriation Act, 1990. P. L. 101–601. (http://exchanges.state.gov/culprop/101-601.html)
15. Native American Languages Act of 1990. P.L. 101–477; October 30, 1990. (http://ourworld.compuserve.com/homepages/JWCRAWFORD/nala.htm)
16. Rights of persons belonging to national or ethnic, religious and linguistic minorities. Adopted by United Nations General Assembly Resolution 47/135 of 18 December 1992 (http://www.lawphil.net/international/treaties/drpbnerlm.html)
17. State Jurisdiction over Offences Committed by or Against Indians in the Indian Country. P.L. 83-280 (18 U.S.C. § 1162, 28 U.S.C. § 1360). (http://www.tribal-institute.org/lists/pl_280.htm)
18. UNESCO treaty to protect oral traditions on track to enter into force next year. // UN News Centre, 12 Sept. 2005. (http://www.un.org/apps/news/story.asp?NewsID=15751&Cr=culture&Cr1=UNESCO#)
19. The Indian Removal Act of 1830 (http://www.civics-online.org/library/formatted/texts/indian_act.html)
20. Treaties Between the United States and Native Americans. (http://www.yale.edu/lawweb/avalon/ntreaty/ntreaty.htm)
21. Конституция США. (http://www.pseudology.org/state/Cons_usa.html)
22. Конституция США. Поправки. (http://www.pseudology.org/state/Cons_usaAM.htm)

Ресурсы Интернет

1. American Indian Languages Development Institute (AILDI). (http://www.u.arizona.edu/~aildi/)
2. American Indian Ritual Object Repatriation Foundation. (http://www.repatriationfoundation.org/)
3. Bureau of Indian Affairs (BIA). (http://www.doi.gov/bureau-indian-affairs.html)
4. Indian activism. Alcatraz is not an island. ITVC, 2002. Retrieved April 14, 2005 from http://www.pbs.org/itvs/alcatrazisnotanisland/activism.html
5. Indian Arts and Crafts Board (IACB). (http://www.doi.gov/iacb/)
6. Indian Health Service (IHS). (http://www.ihs.gov/)
7. Institute of American Indian Arts (IAIA). (http://www.iaiancad.org/)
8. Manataka American Indian Council. (http://www.manataka.org/)
9. Midwest SOARRING. (http://www.midwestsoarring.org/)
10. Modern Language Association (MLA). (http://www.mla.org/)
11. National American Indian Housing Council (NAIHC). (http://naihc.indian.com/)
12. National Indian Gaming Association (NIGA). (http://www.indiangaming.org/)
13. National Museum of the American Indian (NMAI). (http://www.nmai.si.edu/)
14. National Park Service (NPS). (http://www.nps.gov/)
15. Quotations by Native Americans. James S. Huggins' Refrigerator Door. (http://www.jamesshuggins.com/h/quo1/quotations_native_americans.htm)
16. Repatriation Program. Department of Anthropology, National Museum of Natural History, Smithsonian Institution: http://www.nmnh.si.edu/anthro/repatriation/.
17. The American Indian Higher Education Consortium (AIHEC). (http://www.aihec.org/)
18. The American Indian Language Development Institute (AILDI). (http://www.u.arizona.edu/~aildi/History.htm#)
19. U.S. Census Bureau (http://www.census.gov)

20. U.S. Non-Recognized Tribes. Manataka American Indian Council. (http://www.manataka.org/page237.html)
21. International Indian Treaty Council (IITC). Retrieved April 20, 2005 from http://www.bapd.org/giniil-1.html
22. American Indian Movement (AIM). Retrieved April 15, 2005 from http://www.aimovement.org/
23. National Indian Youth Council (NIYC). Retrieved April 16, 2005 from http://www.niyc-alb.org/index.html
24. Native American Rights Fund (NARF). Retrieved April 17, 2005 from http://www.narf.org/index.html
25. National Congress of American Indians (NCAI). Retrieved April 19, 2005 from http://www.ncai.org/index.asp
26. World Summit of the Information Society. Tunis, Nov. 16–18, 2005. (http://www.itu.int/wsis/)

Приложение 1

Культурные регионы Северной Америки

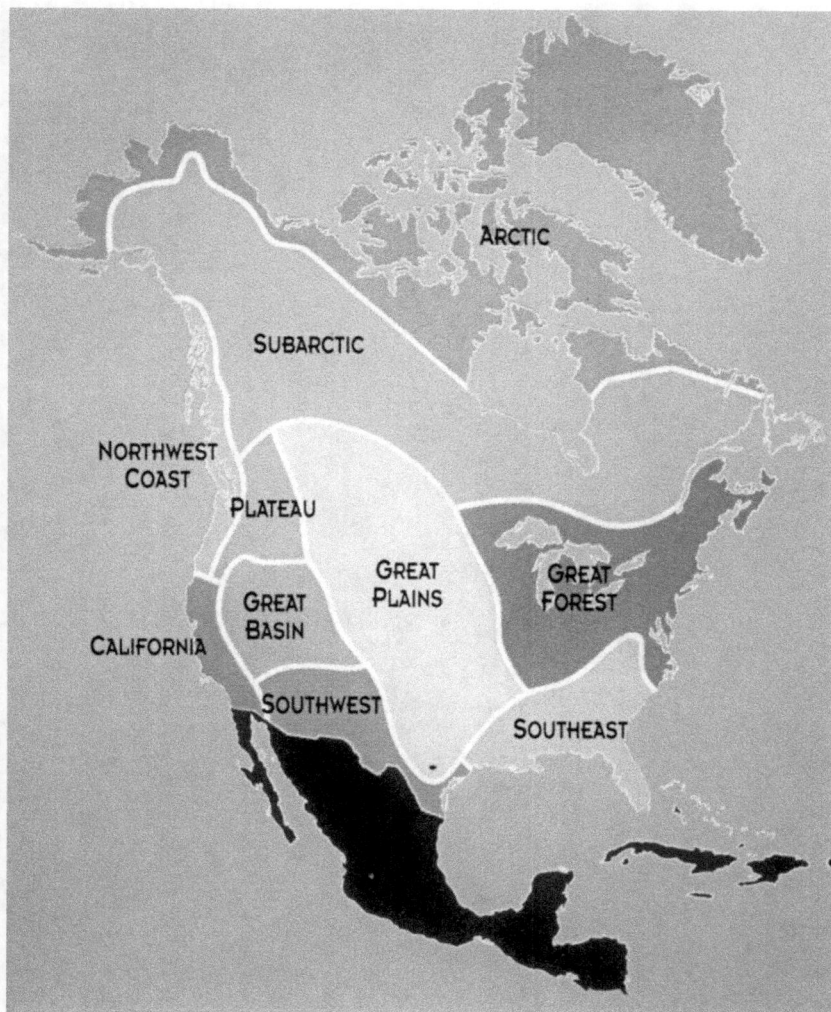

ARCTIC

SUBARCTIC

NORTHWEST
COAST

PLATEAU

GREAT
PLAINS

GREAT
FOREST

GREAT
BASIN

CALIFORNIA

SOUTHWEST

SOUTHEAST

(Источник: Legay G. Atlas of Indians of North America. NY: Barrons, 1995. P. 5)

Приложение 2

Основные языковые семьи индейцев Северной Америки

TLINGIT
TSIMISHIAN
HAIDA
CHIPEWYAN
NASKAPI
CREE
NOOTKA
MAKAH
COWICHAN
KOOTENAY
SPOKAN
BLACKFEET
OJIBWAY
MICMAC
CHINOOK
NEZ PERCE
CROW
MANDAN
ARIKARA
YUKI
DAKOTA
DELAWARE
POMO
SHOSHONI
CHEYENNE
IOWA
ILLINOIS
PAWNEE
ARAPAHO
SHAWNEE
CHEROKEE
SECOTAN
OSAGE
CHUMASH
MOHAVE
NAVAJO
KIOWA
COMANCHE
CADDO
TUSCARORA
CATAWBA
APACHE
CREEK

(Источник: Legay G. Atlas of Indians of North America. NY: Barrons, 1995. P. 5)

Приложение 3

Индейские резервации на территории США

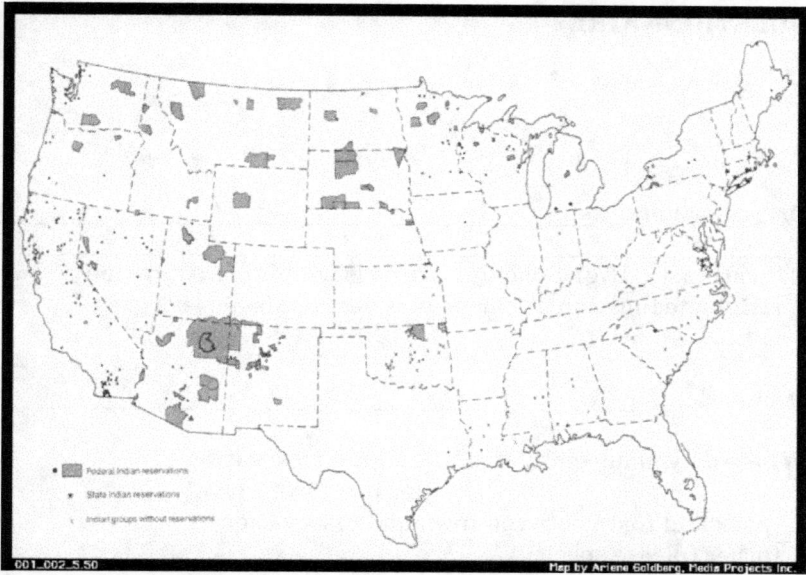

(Источник: http://www.csulb.edu/projects/ais/nae/chapter_5/001_002_5.50.jpg)

Опросник

Native American Present-Day Issues

QUESTIONNAIRE

Part I.

Age: _____   Gender: ☐ male ☐ female

Origin (tribe): _____

Education: ☐ High School ☐ Unfinished higher education
☐ Higher education ☐ Bachelor's degree Master's degree
☐ Ph.D.

Occupation: _____

Where do you normally live?   ☐ on a reservation
                                ☐ in a town / city
☐ back and forth between town and reservation
☐ other (please specify)

Part II.

1. How would you characterize your financial position?
☐ Above average Average ☐ Below average ☐ Poor

2. A. Do you have any close friends among non-Native Americans?
☐ No ☐ Yes, but few ☐ Yes, many

B. If yes, from what circles are they?
☐ Neighbor ☐ Colleagues at work or fellow-students
☐ Acquaintances
Comments: _____

3. How do you prefer to spend your spare time?

_____
_____
_____

4. Do you approve of mixed marriages of Native Americans?
A) Intertribal: ☐ Yes ☐ No
B) With Non-Indians: ☐ Yes ☐ No
Comments: _____
_____

5. What medical care do you prefer to use?
☐ Traditional (Euroamerican) ☐ Non-traditional (Indian) ☐ Both
Comments: _____
_____

6. Do Native Americans feel any oppression in their ceremonial life now?
☐ Yes ☐ No
Comments: _____
_____

7. Do you think in your tribe the traditions and customs are well-kept, and the ceremonies are observed?
☐ Yes ☐ No
Comments: _____
_____

8. Do young Native Americans try to maintain their cultural traditions?
☐ Yes ☐ No
Comments: _____
_____

9. What forms of government support for Native Americans are the most useful?
☐ Moneyed assistance to families with many children
☐ Free medical care
☐ Moneyed assistance for education of gifted children
Other (please specify): _____

10. From what organizations do you get real support and help?
A. American organizations:

B. Native American organizations:

C. Other (please specify):

11. What are, in your opinion, the most serious problems that Native Americans of the USA face now (political, economic, social, cultural, or other)? (Put the most important ones first.)

12. How do Native Americans try to solve these problems themselves?

13. A. What U.S. laws are helpful in solving these problems?

B. What U.S. laws impede the solving of these problems?

14. What additional laws could be helpful to solve the problems you mentioned?

_____
_____
_____

15. Do you think Native Americans are active in solving their own problems?

☐ Yes ☐ No

Comments: _____
_____
_____

16. To what extent are Native Americans active in the support of scientists who study Native American issues?

On reservations: In towns / cities:

On reservations:		In towns / cities:
☐	Eagerly help	☐
☐	Do not mind helping	☐
☐	Indifferent	☐
☐	Prefer not to help	☐
☐	Are against helping	☐

Comments: _____
_____
_____

I am very grateful to you for your help! If you have any more ideas and suggestions on the present-day issues connected with political, economic, social, and cultural spheres of Native American life, I would appreciate your indicating them below.

Comments: _____
_____
_____

Приложение 5

Племенная принадлежность респондентов

African and Amerindian	1	Georgia Tribe of Eastern Cherokee	1
Akimel O'dham	1	Grand Traverse Band of Ottawa & Chippewa Indians	1
Algonkin / Algonquian	1	Great Lakes Area	1
Anishinabe (LCO, St Croix)	1	Ho-Chunk	1
Anishinabek	1	Ho-Chunk Nation	1
Anishnawbe	1	Hochunk	1
Aquinha Wampanoag	1	Hoopa Valley Tribe	2
Aquinnah Wampanoag	1	Hopi	1
Athabaskin	1	Hunkpapa, Lakota	1
Bitterroot Salish, Montana	1	Jamestown S'Klallam	2
Blackfeet	1	Jamestown S'Klallam Tribe	1
Blackfoot	1	Jemez Pueblo, Inupiaq	1
Cayuse, Umatilla, Walla Walla	1	Kawaiisu Tribe of Tejon	1
Cherokee	8	Kiowa	1
Cheyenne and Arapaho tribes of Oklahoma	1	Lacota	1
Chickaloon Village Athabascan Nation	1	Laguna Pueblo	2
		Lakota	2
Chippewa	2	Lakota, Dakota, Cherokee, Choctaw	1
Chippewas	1	Lakota, Northern Cheyenne, French Canadian Anishinaabe	1
Choctaw	1		
Choctaw, Apache (Louisiana)	1	Lenni Lenape, New Jersey	1
Citizen Potawatomi	1	Lipan Apache	1
Clatsop – Nehalem	1	Little River Band of Odawa Indians	1
Coharie	1	Little River Band of Ottawa Indians	2
Comanche	2	Lower Elwha Klallam	2
Confederated Salish & Kootenai Tribes	1	Lower Elwha Klallam Tribe	2
		LTBB Odawa	1
Cree	1	Lumbee	2
Dakota Sioux	1	Makah	1
Dine	1	Menominee	9
Dine/Navajo	1	Menominee (Wisconsin)	2
Dineh (Navajo)	1	Menominee, Sokaogon Chippewa	1
Duck Valley Shoshone-Paiute	1	Mescalero Apache	1
Eastern Band Cherokee	3	Metis – Chippewa, Ottawa, Sioux, French	1
Eastern Band of Cherokee	2		
Eastern Cherokee	2	Michigan	1
Elwha Klallam tribe	1	Mississippi Choctaw, Oglala Sioux	1
Euchee, Creek	1		

Mnicoujou Sioux	1
Muscogee Creek, Cherokee	1
Navajo	12
Navajo, Acoma	1
Odawa	3
Odawa, Ojibway	1
Oglala Lakota	5
Oglala Lakota (Sioux)	2
Oglala Lakota, Northern Cheyenne	1
Oglala Sioux	1
Oglala, Hunkpapa Lakota Oyate	1
Ojibwa	1
Ojibwa (Chippewa)	1
Ojibwe	3
Ojibwe, Odawa of Michigan (Anishinaabe)	1
Oneida Indian Tribe of Wisconsin	1
Oneida, Blackfeet, African	1
Osage	1
Paiute	1
Penobscot Nation	1
Pyramid Lake Paiute	1
Pyramid Lake Paiute Tribe	1
Quapaw, Osage, Wea	1
Red Cliff Band of Lake Superior Chippewas	1
Rosebud Lakota	1
S'Klallam	1
Saginaw Chippewa	1
Salish	1
Salish from the Flathead Reservation, MT	1
Santa Clara Pueblo	1

Santo Domingo Pueblo	1
Sault Tribe of Chippewa Indians	3
Seneca	2
Seneca Cayuga	1
Seneca Nation	1
Shoshone-Paiute	1
Sicangu Lakota	1
Sicangu, Lakota	1
Siksika, Sauk	1
Sokaogon Chippewa	1
Sokaogon Chippewa (Wisconsin)	1
Southern Tiwa – Isleta Pueblo	1
Standing Rock Lakota	1
Standing Rock Rez. Lakota	1
Standing Rock Sioux	1
Stellat'en (Yinka Dene) (Carrier) (Athabaskan)	1
Suquamish	1
Suquamish Tribe – Port Madison Reservation	1
Taos Pueblo	2
Taos, Tesuque, Isleta Pueblos, Navajo	1
Tsimshean	1
Umatilla	1
Wampanoag	3
Wampanoag of Gay Head (Aquinnah), Massachussetts	1
Wampanoag Tribe of Gay Head (Aquinnah)	2
Wasco, Navajo, Hopi, Enrolled Confederated Tribes of Warm Springs, Oregon	1
White Clay (Gros Ventre)	1
Winnemem Wintu	1

Приложение 6

Род деятельности респондентов

Accountant	1	Education Coordinator	1
Administrative	1	Education Curator for a tribal museum	1
Administrative Assistant	5	Education Director	1
Administrative Assistant of our Tribe	1	Educator	1
Administrative Support	1	Electronic Tech	1
Administrator	1	Enrollment	1
Administrator for Behavioral Health	1	Environmental Policy and Planning	1
Advocacy	1	Environmental Specialist	2
Artist	1	Executive Director	2
Artist, Tribal Chairman	1	Farmer, Cook	1
Assistant Director	1	Firefighter	1
Assistant Executive Director	1	Fisherman	1
Attorney	3	Forest Products Tech	1
Buyer	1	Former tribal leader / consultant	1
Career Counselor	1	Full-time Law Student	1
Ceramist	1	Full-Time Student	1
Charter fishing captain	1	Full time student	1
Cherokee Nation Staffer	1	General Contractor	1
Clerical	1	General Manager	1
Clerk	1	Graduate student currently in Law School	1
Clerk of the Court	1	Grant Writer	1
College Administrator	1	Headman	1
Community Health Rep	1	Health	1
Computer Lab Assistant	1	Health work	1
Construction	1	Home/School Coordinator	1
Consultant	1	Homebuyer, Financial Literacy Educator	1
Coordinator / President of non-profit	1	Homemaker	1
Corporate Sales	1	Homemaker / small business owner	1
Counselor	1	Housewife	2
Court Clerk	1	Housing Authority	1
Credit Manager	2	Housing Director	1
Cultural Resources	2	Human Services	1
Cultural Resourse Monitor	1	Indigenous coordinator / teacher	1
Director	1	Information Services	1
Director of Health Clinic	1	Inspector	1
Director: Political Development and Policy, Center for Civic Participation	1	Instructor	1
Domestic Abuse Advocate	1	Instructor / Coordinator	1
Economic Development	1	Investigator	1
Education	3	IT	2
Education Administrator	1		
Education Advisor and Instructor	1		

Job Counselor	1
Journalism	1
Juvenile Justice	1
Land Survey Corporation	1
Law Student, Small Business Owner	1
Lawyer	1
Lawyer / Law School Professor	1
Lawyer, HA Dir.	1
Legal Assistant	2
Legal Secretary	1
Librarian	1
Manager	1
Marketing Program Administrator	1
Medically retired	1
Mom	1
Mortgage Finance	1
Museum Curator	1
Musician / Teacher	1
N.A. Beadwork Artist / Teacher / Homemaker	1
Native American Indian Cultural Resource Consultant	1
Nuclear Medicine Technologist	1
Nurse	1
Office	1
Office Clerk	1
Office Manager – Law firm	1
Office Manager	3
Pharmacy Tech	1
Pharmacy Technician	1
Phlebotomist, MED	1
Police Officer	1
Politician	1
Producer / Musician	1
Professional	1
Professor	2
Professor / Director	1
Program Director	1
Program Director for the Underage Drinking Prevention Coalition in Alaska.	1
Project Facilitator	1
Receptionist / Instructorial assistant	1
Registrar	1
Researcher / Writer	1

Retail	1
Retired	2
Retired / Disabled U.S. Air Force, Jet Aircraft Mechanic	1
Retired Police Officer	1
Retired, Economic Developer	1
Retired.	1
Retured from U.S. Marine Corps	1
Rn	1
Sales	1
Scribe	1
Secretary	1
Self-employed	1
Small Business and Computers	1
Software Engineer	1
Stay at home mom	1
Student – New Mexico State University	1
Student	6
Student / Research	1
Student.	1
Stylist, Assistant Manager for Great Clips	1
Surveyor	1
Tax Real Estate Representative	1
Teacher	3
Texas Lottery Commission	1
Title VII Director	1
Tobacco Cessation Coordinator	1
Tourism Director	1
Tourism Manager	1
Traditionalist / Culturalist and Peacemaker	1
Training Director	1
Tribal Affordable housing executive director	1
Tribal Chairman / Spokesperson	1
Tribal Ed. Director	1
Tribal Education	1
Unemployed / former government worker	1
University Professor	1
Video Editor	1
Website Administrator	1
Writer	1
Writer and Editor	1

Публикации автора

1. *Данчевская О.Е.* Положение индейской культуры в современном американском обществе. // Проблема свободы выбора в американской цивилизации. – Материалы XXX Международной конференции ОИКС. – М.: МГУ. – 2004. – С. 6–14.

2. *Данчевская О.Е.* Организации и движения американских индейцев во второй половине XX – начале XXI вв. // СОФИСТ: Социолог, философ, историк. – (Сб. науч. трудов). – Вып.I. – М.: МПГУ. – 2005. – С. 215–220.

3. *Данчевская О.Е.* Вайн Делория-мл. как голос индейского народа. // Феномен творческой личности в культуре. – (Материалы 1-й Международной конференции. – М.: МГУ. – 2006. – С. 135–141.

4. *Данчевская О.Е.* Заметки о российских индеанистах (Danchevskaya O.Y. Notes on Russian Indianists). // Индейские женщины в искусстве, образовании и руководстве (Native American Women in the Arts, Education and Leadership). – (Материалы VI Симпозиума коренных американцев (Proceedings of the Sixth Native American Symposium). – (Eds: Mark B. Spencer and Robert Tudor. Durant. – Oklahoma: Southeastern Oklahoma State University. – 2006. – P. 55–60.

5. *Данчевская О.Е.* Ценностные позиции образования в развитии индейских культур США. // Научный ж-л «Аналитика культурологи». – 2006, №5.– http://tsu.tmb.ru/culturology/journal/6/danchevskaya_2– 2006– 2.htm

6. *Данчевская О.Е.* Современное социо–культурное положение индейцев США глазами самих коренных американцев. // Вестник университета (Государственный университет управления). Серия «Социология и управление персоналом». – М.: ГУУ, № 6 (22). – 2006. – С. 37– 43.

7. *Данчевская О.Е.* Религия в современной жизни североамериканских индейцев. // Философские науки. – М., № 10. – 2006. – С. 142–151.

8. *Данчевская О.Е.* Слово как источник силы. Устные традиции в современной жизни североамериканских индейцев. // Слово и/как власть: авторство и авторитет в американской культурной традиции. Америка реальная,

воображаемая, виртуальная. – (Материалы XXXI и XXXII Международных конференций ОИКС). – М.: МГУ. – 2006. – С. 82–90.

9. *Данчевская О.Е.* Информационные технологии в жизни современных американских индейцев. // Там же. – С. 150–159

10. *Данчевская О.Е.* Сверхъестественная власть и её носители в мифах о Первотворении индейцев Юго-Запада США. // Власть в аборигенной Америке. – (Сб. Ин-та этнологии и антропологии им. Н.Н. Миклухо-Маклая). – М.: Наука. – 2006. – С. 428–438.

11. *Данчевская О.Е.* К вопросу о репатриации индейских культурных ценностей и человеческих останков в Соединённых Штатах Америки // Власть в аборигенной Америке. – (Сб. Ин– та этнологии и антропологии им. Н.Н. Миклухо– Маклая). – М.: Наука. – 2006. – С. 611–621.

12. *Данчевская, О.Е.* Языки американских индейцев: история и современность // Сборник материалов научной сессии по итогам выполнения научно–исследовательской работы МПГУ за 2006–2007 год. Факультет иностранных языков. – М.: Прометей. – 2007. – С. 17–19.

13. *Данчевская, О.Е.* Американские индейцы в стереотипах и реальности // Междисциплиарное изучение американской культуры как среды контактов. – (Материалы XXXIII международной конференции ОИКС). – М.: МГУ. – 2008. – С. 187–194.

14. *Данчевская, О.Е.* Традиции и инновации в жизни современных навахо // Американские и европейские исследования; Ежегодник, 2006–2007, ч. 2. / Под ред. Ю.В. Стулова. – Минск: Пропилеи. – 2008. – С. 36 – 43.

15. *Данчевская, О.Е.* Мифы североамериканских индейцев в романах «Церемония» Л.М. Силко и «Дом, из рассвета сотворенный» Н. Скотта Момадэя // Актуальные проблемы исследования англоязычных литератур. Вып. 7. Классики и современники. Под общей ред. А. Бутырчик. – Минск: РИВШ. – 2008. – С. 34–49.

Научное издание

ДАНЧЕВСКАЯ Оксана Евгеньевна

АМЕРИКАНСКИЕ ИНДЕЙЦЫ
В ЭТНОКУЛЬТУРНОЙ
ПОЛИТИКЕ США
конца XX – начала XXI вв.

Ответственный за выпуск – М. Вишневская, А. Малахова
Оригинал-макет – Е. Швец
Макет обложки – О. Данчевская
Дизайн обложки – Л. Орешкина

ГНО Издательство «Прометей» МПГУ
Лицензия ЛР № 020457 от 22 июля 1997 года
129164, Москва, ул. Кибальчича, 6, стр. 2.
Тел.: (495) 683-15-65
E-mail: prometey-mpgu@mail.ru

Подписано в печать 19.09.08
Объем 12 п.л. Гарнитура SchoolBookC.
Формат 60x90/16. Тираж 600 экз. Заказ №

Отпечатано в типографии
Издательства «Прометей» МПГУ
129164, Москва, ул. Кибальчича, 6, стр. 2.
Тел.: (495) 683-15-65